반발과 비명이 없는 신앙생활은 죽은 것이다. 신앙 현실에서 일어나는 혼란과 위기에는 하나님이 일하신다는 사실을 일관되게 보여 주는 더 높은 뜻이 깃들어 있다. 안심과 이해를 넘어서는 안목과 통찰이 생기지 않으면 살아 있는 신앙이 아니다. 이러한 안목과 통찰을 신자들이 기를 수 있게 해 주는 더할 나위 없는 책이기에 기쁜 마음으로 추천한다.

박영선 남포교회 원로 목사, 『고난이 하는 일』 저자

꿀처럼 달콤하고 사자처럼 위험한 책이다. 부드럽게 속삭이다 느닷없이 비수를 들이대고, 존재의 기반을 흔들어 놓기 때문이다. 믿음의 여정은 언제나 하나님의 부르심에서 시작한다. 저자는 그 부르심에 진지하게 응답한 그리스도인이며, 자신의 하나님 체험을 신학적으로 서술해 가는 이야기꾼이다. 숱한 인용들이 감탄할 정도로 적재적소에, 과하지 않게 쓰이고 있는 점이 놀랍다. 저자의 학문적 역량과 지적 성실성, 말씀 전하는 이로서의 파토스, 그리고 성령의 감화하심이 담겼다고 믿는다. 자신의 삶에 다가오신 하나님을 신학적으로 성찰한 내용이다. 그 성찰의 정도가 맹렬하여 '맹성'(猛省)이라 불러야 할 것 같다. '맹'이란 본래 사나울 정도로 용감함을 일컫는 말이기에 저자의 신학적 작업에 잘 어울릴 것이다. 기대를 갖고 대해도 좋을 책이다.

박영호 포항제일교회 담임 목사, 『우리가 몰랐던 1세기 교회』 저자

인간은 아담과 하와가 에덴동산에서 쫓겨난 이후 유한한 시간에 불안해하고, 틈만 나면 악으로 치달으며, 잡을 수 없는 허상을 좇는 비참한 존재가 되었다. 영원을 갈망하고, 선을 추구하며, 실상을 보기 위해 애쓰지만 정작 영원과 선과 실상이라는 진리에 직면하게 되면 황량한 들판에서 홀로 사자를 만난 것처럼 옴짝달싹하지 못하고 소변을 지려 버리는 나약하기 짝이 없는 존재가 되었다. 그러한 인간들을 위해 절대 타자이신 하나님은 당신의 임재 안으로 우리를 초대하신다. 사자의 포효같이 울려 퍼지는 하나님의 음성에 두렵지만 공명할 수 있는 인간은 자신의 경계를 초월할 수 있게 되고, 갈증과 배고픔에 허덕이는 삶을 멈출 수 있게 된다. 이것이 이 책을 통해 터득한 지혜다. 곱씹을수록 단맛이 나고 침샘을 자극하는 책이다.

천종호 대구지방법원 부장판사

사이에서

IVP(InterVarsity Press)는
캠퍼스와 세상 속의 하나님 나라 운동을 지향하는
IVF(InterVarsity Christian Fellowship)의 출판부로
생각하는 그리스도인을 위한 문서 운동을 실천합니다.

사이에서

경계의 기쁨
한계의 은혜

송용원

Ivp

차례

들어가는 글 9

1장 실상과 허상 사이에서 17
2장 사자와 꿀 사이에서 41
3장 선과 악 사이에서 67
4장 울림과 떨림 사이에서 95
5장 시간과 영원 사이에서 121

나가는 글 147
주 161

일러두기

1. 이 책은 2019년 3월 20-22일, 장로회신학대학교 사경회에서 신학과 학생들에게 전한 저자의 설교 일곱 편을 기본으로 삼아 편집했습니다. 또한 저자의 2018년 「국민일보」 칼럼 연재(바이블 시론) 내용 일부가 포함되었습니다.
2. 본문에 인용된 성경은 개역개정판을 기본으로 삼되, 저자의 의도에 따라 새한글성경도 사용했습니다.

들어가는 글

저에게 신학자 폴 틸리히(Paul Tillich)는 지나간 역사 속 인물이지만, 그에게 가르침을 받은 데이비드 켈시(David Kelsey) 교수는 유학 기간 동안 매주 만날 수 있는 사람이었습니다. 제가 예일 대학교에 입학했을 때는 이미 은퇴하신 후라 교수님의 수업을 들을 수 없을 거라고 생각했지만, 폴 틸리히 세미나 수업은 여전히 그분의 몫이었습니다. 이것은 제게 정말이지 큰 행운이었습니다. 켈시 교수님은 자상하고 점잖은 분이셨지만, 가끔 독일 악센트가 강하게 배어 있는 스승의 영어 발음을 흉내 내면서 그분과 함께한 날들을 회고하곤 하셨습니다. 교수님의 수업을 들으며 '경계선의 신학자'인 틸리히의 저작을 탐독하던 시절, 저는 주중에는 학교, 주말에는 이민 개척 교회로, 매주 400킬로미터를 오가는 강행군을 지속하면서 경계선의 매서움을 한껏 실감하고 있었습니다. 누군가는 신학과 목회를 같이하니 얼마나 유익하느냐고 부러워했지만, 사실 저는 어디에도 속해 있지 못했습니다.

틸리히는, 인간이란 수많은 경계선 위에 서 있기에 위태로운 존재라고 했습니다. 내적 실존이 다양한 형태로 한계에 부딪히는 까닭입니다. 그에게 인간은 '두 기질 사이에' '현실과 상상 사이에' '이론과 실제 사이에' '자율과 타율 사이에' '신학과 철학 사이에' '교회와 사회 사이에' '종교와 문화 사이에' '본국과 타국 사이에' 서 있는 존재입니다. 하지만 인간이 평정과 안전, 완전을 얻을 수 없는 까닭은 우리를 둘러싼 다양한 형태의 경계선들 때문이 아니라, "모든 인간의 가능성을 초월하는 영원성으로 말미암아 일체의 유한한 것에 부과된 한계"[1] 때문이라고 틸리히는 지적했습니다. 마치 지구와 우주의 관계처럼 인간의 어떤 중심성도 영원한 현존이신 그분 앞에서는 하나의 한계에 지나지 않고, 인간이 이룩한 어떤 성취도 극히 미미한 편린에 지나지 않기 때문입니다.

이것을 포착했던 성서학자 제임스 던(James Dunn)은 그리스도인과 교회가 성령이 이끄시는 곳으로 따라가기를 추구한다면, 그들이 기대하지 않은 바를 기대해야 할 것이며, 자신의 중심까지 뒤흔들릴 준비를 해야 할 것을 암시한 바 있습니다.[2] 학교와 교회 사이에서 닥쳐오는 여러 도전들로 힘겨운 나날을 보내던 어느 겨울날, 저는 시편 39:5-7을* 묵상하며 주님께 이렇게 고백했습니다.

> 당신은 광대한 바다
> 나는 물방울 하나…
> 당신은 파아란 하늘
> 천사는 떠가는 구름 한 점
> 내 일생은 그저 공기 한 숨
> 당신은 눈부신 태양
> 나는 가느다란 양초 하나…
> 당신은 끝없이 펼쳐진 대지
> 나는 사소한 티끌 하나…
> 당신은 흐르는 강물
> 나는 철없이 뛰노는 연어…
> 나는 당신을
> 벗어날 수 없으니
> 거스를 수도 없으니…

---

* "주께서 나의 날을 한 뼘 길이만큼 되게 하시매, 나의 일생이 주 앞에는 없는 것 같사오니…주여 이제 내가 무엇을 바라리요. 나의 소망은 주께 있나이다."

들어가는 글

오, 주여

다만 나로

떨리게 하소서

울리게 하소서

그리고 잠잠케 하옵소서.

  그러면서 '이 세상에 바다와 강이 참으로 많지만, 예수께서 평생 자라고 거니신 곳이 어째서 갈릴리 바다였을까' 하는 생각이 문득 들었습니다. 지도를 펴 보면 갈릴리 바다는 누구나 가고 싶어 하는 '약속의 땅'과 아무도 가고 싶어 하지 않는 '광야' 사이에 위치하고 있습니다. '주님이 갈릴리 바다를 선택하신 이유는 그곳이 경계선 위에 있는 우리 인생을 가장 잘 보여 주기 때문이 아닐까' 하는 생각에 이르렀습니다. 위아래 21킬로미터, 좌우 11킬로미터, 수심 48미터로, 사방이 산으로 둘러싸인 바다. 그래서 기압의 하강 작용이 빈번하고, 갑작스러운 폭풍이 자주 이는 곳이 갈릴리 바다였지요. 그 바다로 제자들은 내려갔습니다. 그것도 어둠이 내리고 있는 무렵에, 제자들은 바다를 건너려 했습니다.

  갈릴리 바다처럼, 인생의 바다에도 세찬 바람이 몰아친다는 것을 부인하기 어렵습니다. 우리 역시 약속의 땅과 어두운 광야 사이에 있는 바다로 떠난 사람들과 그리 다르지 않은 것 같습니다. 그곳으로 뛰어든 이유는 이 바다를 통과하기만 하면 내가 꿈꾸는 목적지에 도달할 수 있다고 믿기 때문이었을 것입니다. 건너편에 있는 소원의 항구, 자기 마음속에 꿈꾸는 가벼나움이 있기에 험해도 뛰어든 것이지요. 하지만 이내 이 험한 바다에 비하면 자신이 타고 있는 배가 얼마나 작고 보잘것없는지 깨닫게 됩니다.

갈릴리 바다에는 제자들이 탄 배 말고도 다른 배들이 있었을 것입니다. 그중에는 풍랑 없이 평탄하게 건넌 배도 있고, 제자들처럼 괴로이 노를 젓고 있는 배, 또는 끝내 건너지 못한 배도 있을 것입니다. 그렇다면 우리 인생에는 어떤 고백이 남는 것일까요? 아마도 두 가지밖에 없을 것입니다. "나는 그 바다를 건넜어." 또는 "나는 그 바다를 건너지 못했어." 하지만 그 바다를 건넜다고 해도 그 고백은 허망할 뿐이지 않겠습니까? 그 바다를 건너기 위해 얼마나 많은 것을 포기했는지 알기 때문입니다. 우리는 무엇을 얻으려고 그 숱한 어려움을 겪고 목숨까지 내던질 각오로 긴 세월을 허비했던 것일까요? 우리가 그 바다를 건넜다면, 그 뒤에 밀려올 허탈함을 마주할 것이고, 반대로 건너지 못했다면 실패에 따른 좌절감을 맛볼 것입니다. 어느 쪽이든 우리는 후회에서 자유로울 수 없습니다.

하지만 갈릴리 바다를 건넜든지 그러지 못했든지 우리가 도달하려는 소원의 항구가 결국 또 하나의 경계선에 지나지 않는다면, 그 항구 안에도 수많은 한계가 교차한다면, 갈릴리 바다는 우리에게 어떤 의미가 있을까요? 저에게 학창 시절, 신학생 시절, 미국과 한국에서의 교회 개척 시절은 갈릴리 바다와 같았습니다. 그러나 그곳이야말로 역풍과 순풍을 다스리시는 주님의 바람을 만나는 곳이었습니다. 풍랑 속에서 바다를 건너려고 애쓰던 제자들처럼, 저도 괴로이 노를 젓다가 주님을 만나곤 했습니다.

여기에 실린 몇 편의 단상은 괴로이 노를 젓던 경험 속에서 주님이 신학을 통해 저에게 주신 위안을 적은 것입니다. 일찍이 로마 정치가 보에티우스(Boëthius)가 그의 성공을 시기한 무리의 모함으로 사형수가 되었으나 오히려 감옥에서 신과 인간과 세계의 진리를 깊이 깨달으며 영혼의 안식을 얻는 과정을 담은 『철학의 위안』(현대지성)이 고전의 반열에 오른 바 있습니다. 오늘날도 교회 사역 현장과 세상 일터에서 눈물 나고 한숨짓는 일들로 괴로이 노를 젓는 주의 종들과 그리스도인들이 얼마나 많으실지요. 저에게도 그런 시간들이 있었지만, 신학 탐구를 통해 생각지 못한 평안을 체득하며 버틸 수 있었습니다.

그래서 2019년 봄, 장로회신학대학교에서 사경회 설교를 요청받았을 때 제가 그동안 신학으로 받은 위안을 학생들에게 나누고 싶었습니다. 물론 이것은 때로는 보이는 어떤 것들 '사이에서', 또 어떤 때는 도무지 보이지 않는 것들 '사이에서' 시달리며 늘 막막하기만 하던 어느 초보 목회자가 서투른 마음으로 고백한 것들에 지나지 않을 것입니다. 그럼에도 이 고백은 산 낭떠러지로 밀쳐 떨어뜨리려는 무리 사이에서 그들 한가운데를 헤치고 당신의 갈 길을 가신(눅 4:29-30) '비아 메디아'(*via media*, 가운데 길)의 발자취를 멀리서나마 따르고 싶었던 어느 무익한 종의 오래되고 소중한 노트 같은 것입니다.

끝도 없이 밀려오는 '사이'들의 물살을 가르며 '비아 메디아'의 징검다리를 건너고자 하는 여러분에게, 이 책이 조그마한 돌 하나라도 되면 좋겠습니다.

1
실상과 허상 ══⨯══ 사이에서

사람의 평균 수명을 80년으로 가정하여 우리 일생을 하루 24시간, 1,440분으로 환산하는 인생 시계가 한때 유행한 적이 있습니다. 예를 들어 대학 신입생은 아침 6시, 졸업생은 고작 오전 7시 12분이라는 계산이 나온다는 것이지요.[1] 아직 일과가 시작되지도 않았는데, 왜 벌써 너무 늦은 것처럼 쉬이 절망하느냐고 나무랍니다. 언뜻 보면 몹시 현실적인 진단 같지만 가만 생각해 보니 현실과 거리가 먼 허구에 가깝지 않은가 생각되었습니다. 평균 수명이 일견 중요한 것 같지만 그 누구도 자기에게 얼마의 시간이 남았는지 알 수 없기 때문입니다.

실존주의 작가 알베르 카뮈(Albert Camus)는 소설 『페스트』(민음사)를 통해 70년 후 오늘날 팬데믹 상황까지 내다본 것만 같은데 정작 노벨 문학상 수상자가 된 자신의 남은 인생이 얼마 되지 않는다는 걸 알지 못했습니다. 상을 받은 지 고작 3년째 그는 파리 근교 어느 고속도로에서 교통사고로 절명하고 말았습니다. 사고가 나던 날 그의 외투 안주머니에는, 자동차로 가자는 친구의 권유로 사용하지 않은 기차표가 들어 있었다고 합니다. 자기 인생 시계가 48년짜리임을 그날 아침까지도 알 도리가 없었다니요!

이런 것이 사람의 인생 시계구나 싶습니다. 시작과 끝을 내가 정할 수 없고 들여다볼 수도 없는 시계. 한순간도 풀지 않고 다니지만 지금 몇 시를 가리키는지 알 수 없는 시계. 사람이 자신의 알파와 오메가를 알지 못하기 때문이 아닐지요. 따라서 인생 시계는 무척 그럴듯하게 보여도 판단 착오를 불러일으키는 고약한 물건이 될 수도 있겠구나 싶었습니다. 각 개인의 실상과는 거리가 있는 어떤 허상의 시간을 가정하고 있으니 말입니다. 이처럼 실상에서 벗어난 모든 것, 궤도에서 이탈한 모든 것을 성경은 '죄'라고 명명했습니다.

'죄'를 의미하는 헬라어 '하마르티아'(hamartia)는 과녁을 벗어났다는 뜻입니다. 그러므로, 내게 남아 있는 시간을 정확하게 가리키지 못하는 시계는 '하마르티아 시계'에 지나지 않습니다. 그 시계는 빗나간 화살과 같습니다.

점수 매기기의 허상

궁수가 활을 당기는 이유는 무엇일지 생각해 봅니다. 단순하게 말하면 과녁을 맞히려고 쏩니다. 이것이 '실상'이어야 합니다. 오늘날 양궁 경기를 보면 10점, 9점, 8점으로 이어지는 채점 제도를 통해 합리적으로 승자를 가리는 것 같습니다. 그러나 활을 쏘아야 하는 실제 상황, 즉 '실상'과는 상당히 거리가 있는 '허상'의 점수라는 생각을 떨치기가 어렵습니다. 사실상 9점과 8점은 과녁을 빗나간 것에 불과하니까요. 경기장에 놓인 10점 만점 과녁의 정중앙이 아니라, '빌헬름 텔의 사과'라고 위치를 바꾸면 상황은 급변합니다.

"난 아버지를 믿어요"라고 외치는 아들의 머리 위에 놓인 조그마한 사과를 맞혀야 하는 빌헬름 텔에게 10점 과녁은 사과입니다. 하지만 바로 아래 9점이 사랑하는 아들의 보드라운 머리카락으로 덮여 있는 이마라니요. 9점, 8점이라고 하는 점수의 실상이 이런 것이라면 당혹스럽기 짝이 없습니다. 차라리 아들의 다리까지 훌쩍 빗겨 가는 1점이 낫겠다 싶습니다. 만약 이 과녁을 사자나 곰이라는 실상이라 가정한다면 어떨지요. 전속력으로 달려드는 사자나 곰의 숨통을 단 한 번에 끊지 않으면, 활을 쏘는 내 어깨가 무참히 뜯겨 나가겠지요. 어쩌면 이런 장면이 활을 쏘아야 할 실상, 실제 상황에 가까울 것입니다.

우리 일생도 그렇습니다. 죽은 후에는 아무것도 남지 않는다고 치부했던 작가 김승옥이 죽어 가던 자신의 몸을 하나님의 손이 나타나 만져 주시는 기적을 체험한 후 남겼던 간증이 새삼 기억납니다. 우리 육체가 어머니 배 속에서 아홉 달 동안 빚어진 모습으로 세상으로 나오듯이, 우리 영혼도 일생 빚어 간 모습 그대로 하나님 나라로 나오는 것임을 깨달았다고 그는 고백했습니다.[2] 이것이 맞다면 한 번뿐인 우리 일생은 게임도, 연습도, 스포츠도 아닌 그야말로 실제 상황입니다. 죄를 짓느냐 마느냐 하는 것도 그저 점수 매기는 게임이 아니라, 일생, 아니 영원한 운명까지 좌우되는 문제일 수 있겠습니다.

우리 민족과 오랜 역사를 함께한 고등 종교인 유교나 불교의 가르침은 인류 정신사에 있어 소중한 자산입니다. 하지만 진리를 정확히 맞추어 낸 10점이 아니라, (점수라는 유비로 표현하는 것이 조심스럽기는 해도) 9점, 8점이라면 그것이 비록 마이너스 점수를 줘도 시원치 않을 주술이나 물신주의에 빠진 우상숭배, 비도덕적인 쾌락주의나 암세포처럼 만연한 기복 사상보다 훨씬 고귀한 것이어도 우리에게 비참한 결과를 가져올 수 있지 않을지요. 시몬 베유(Simone Weil)의 비망록에는 이런 문장이 적혀 있습니다. "가상(假象)에도 넘치도록 실재성이 있지만, 그것은 단지 가상일 뿐이다. 가상이 아닌 다른 곳으로서는 허망(虛妄)한 것에 지나지 않는 것이다."[3] 그렇다면 10점이 아니라 9점, 8점으로 살짝 빗겨 나가는 여러 가상에는 어떤 의미가 담겨 있는 것일까요.

성경이 계시하는 은혜의 진리가 그 자체로 온전히 빛을

발하면서 생명을 살게 하는 햇빛이라면, 철학, 문학, 다른 종교가 건네주는 진실은 그 자체로 빛을 발하지는 못해도, 어떤 온전한 빛에 대한 단서를 지닌 채, 밤하늘에 잠시 떨어지는 별똥별과 같다고 신학은 설명하곤 합니다.

예를 들어 칼뱅은 약간의 신성을 맛보는 철학자들을 "번개가 심하게 치는 밤 들판 한가운데 서 있는" 사람에 비유하며 이렇게 그려낸 바 있습니다. "섬광은 그 사람에게 잠깐이나마 드넓은 주변을 보여 줄 것이다. 하지만 그가 갈 길을 알아내는 데는 섬광이 도움이 되지 못할 것이다. 섬광의 불빛은 그 사람이 길을 쳐다보기도 전에 사라져 버리고, 다시 어둠 속으로 빨려 들어간 그는 영영 집으로 돌아가지 못할 것이다."[4] 다시 말해, 밤하늘의 섬광이 실상인 것 같았지만 얼마 지나지 않아 허상으로 판명이 나고 만다는 것인데, 그 이유는 요한의 증언처럼 "빛이 어둠에 비치되 어둠이 깨닫지 못하"기 때문이라는 것이지요(요 1:5).

영적 세계의 실상이 이러한데도 불구하고, 인간은 자신이 노력으로 얻는 여러 성취를 마천루처럼 세웁니다. 그 꼭대기가 남들보다 조금이라도 더 높으면 황홀해합니다. 그렇게 하늘에 닿은 줄 알고 삽니다. 하지만 정작 하늘에 계신 하나님에게선 그만큼 멀어져 갑니다. 날마다 "일정하게 나타나는 태양조차 이해할 수 없는 인간 지성이 하나님의 무한한 본질을 어찌 자기의 작은 범위 안으로 끌어내릴 수 있을"까요? "자기 자신의 실체도 모르는 인간 지성이, 어떻게 하나님의 실체를 찾을 수 있을"까요?[5] 그래서 우리의 성취와 10점 사이에는 메울 수 없는 무한한 간격이 있습니다. 인간이 아무리 자색 옷과 고운 베옷을 입고 날마다 호화롭게 지혜와 학문, 문명과 예술을 즐기는 삶을 살았어도 어떤 결정적 계기가 인생에 찾아와 문득 정신이 들면, 그동안 누리던 모든 것이 저 멀리 아브라함의 품으로 가는 길을 막은 큰 구렁 같다는 것을, 그것 때문에 여기서 거기로 건너가려 하되 갈 수 없음을 알고 슬피 웁니다(눅 16:19-31).

피할 가망은 없기에

네덜란드의 개혁신학자 아브라함 카이퍼(Abraham Kuyper)는 인류의 파멸을 막기 위해 죄를 꾸준히 억제하는 일반은총의 가치를 높이 평가하면서도 그것의 내재적 한계를 지적합니다.[6] 전쟁터에 비유하자면, 죄에 온전히 맞서는 성벽으로나, 죄를 궤멸시키는 무기로는 온전하지 못한, 아니 트로이 목마처럼 전도된 역할을 하기 일쑤라는 것이지요.

일반은혜는 우리 삶의 표준을 높이는 것, 우리의 지식을 풍성하게 하는 것, 우리의 인간적인 기량을 늘리는 것, 우리의 생활 방식을 세련되게 다듬는 것, 삶을 더 용이하고 더 즐겁고 더 자유로운 것으로 만드는 것을 항상 계속한다. 그리고 이 모든 것을 통해, 우리의 능력과 자연에 대한 지배력은 항상 계속해서 커진다. 그러나 동일한 조치에 의해, 일반은혜는 죄를 더 잘 무장시키고, 죄를 더욱 독창적으로 꾸미도록 만들고, 더욱 다면적으로 발현되게 만든다. 불법의 신비는 삶의 모든 영역에서 더 많은 수단을 임의로 다루게 하고, 그 능력을 증가시키고 죄를 매우 매혹적으로 만드는 형태로 치장한다.[7]

인간의 본성을 갱신하고 다스리기에는 일반은총(일반은혜)만으로는 터무니없이 부족하다는 칼뱅의 통찰을 그는 공유하고 있었습니다. "우리에게 자신의 힘과 능력으로 살아가라고 부추기는 자들은, 사실 우리를 제대로 지탱도 못할 갈대 하나에 기대게 만든 뒤 그 갈대가 순식간에 부러져 버리면 굴러떨어지게 할 것 아닌가?"[8] 이는 구원의 과녁에서 벗어난 화살의 실상이기도 합니다. 사람 눈에는 손에 든 등불이 환하게 보일지 모르지만, 한밤의 어두움을 다 몰아내지는 못하지 않습니까.

이처럼 진리에 최대한 근접한 것처럼 보여도 어두움을 전부 몰아내는 태양과 같은 그리스도께서 온전히 드러나지 않은 시대와 지역이 곳곳에 있었습니다. 이 사실을 숙고했던 신학자 헤르만 바빙크(Herman Bavinck)는 "기독교와 다른 종교들 사이의 차이는 이 모든 종교의 필수적 요소들이 다른 종교에 없다는 사실에 있는 것이 아니라, 이방 종교의 모든 것은 '서투른 모방'으로 나타나고 이스라엘에서는 그림자와 형상으로, 그리고 기독교에서는 참되고 영적인 실재가 된다는 사실에 있다"라고 간추립니다.[9]

그러니 기억할 것은 교회와 그리스도인들이 타 종교인들보다 인격이나 실력에 특별히 나은 점이 있어 10점을 알았던 것은 아니라는 사실입니다. 오직 해처럼 빛나는 그리스도와 진실로 연합되는 구원을 선물로 받았기에 그로 인해 결정적인 차이가 생긴 것뿐입니다. 사정이 이러할진대 그리스도인들은 이 세상에서 가장 겸손한 사람들, 누구 앞에서나 고개를 숙일 줄 아는 인격을 갖춰야 마땅하지 않을지요. 카이퍼의 번뜩이는 지적처럼, 그리스도를 통한 특별은총을 받은 기독교가 때로는 거룩해져야 할 만큼 거룩해지지 못하고 세상에 실망을 끼치는 데 반해, 다른 고등 종교를 포함한 이 세상은 우리를 놀라게 할 정도의 선한 일을

일반은총으로 종종 해내기도 하기 때문입니다.[10]

그렇기에 "내가 곧 길이요 진리요 생명이[라]"(요 14:6)라고 하신 주님의 선언은 '나는 과녁 그 자체다'라는 의미이면서, 동시에 교회와 그리스도인들에게 그들이 과녁이 아님을 늘 반추할 것을 말해 주기도 합니다. 모든 것의 시작과 끝이 되시고, 우리 인생 시계를 만드시며, 그 기간을 정하신 분에게 정확히 과녁이 조준될 수만 있다면, 우리 일생은 그분과 만나는 순간을 결국 맞이할 것입니다. 그리스도에게 정확히 명중되는 사람의 인생 시계는 그분 안에 있는 길과 진리와 생명으로 이어지는 소명 시계가 될 것입니다. 이 일을 조지 맥도널드(George MacDonald)는 정원의 언어로 묘사합니다. "꽃의 완전한 의미가 꽃의 진리이듯, 그리스도를 닮은 것이 인간의 진리다. 그리스도는 인간성의 꽃이시니, 모든 인간의 꽃은 그 안에서 완전해지신 그리스도다."[11]

그렇다면 우리는 어떻게 과녁이 되시는 예수 그리스도께로 갈 수 있을까요? 이 길에 최초의 발걸음을 내딛는 선두는 내가 아닙니다. 하나님은 한 치 앞도 보지 못하는 한 마리 양과 같은 우리를 위해 '천국의 사냥개'(Hound of Heaven)를 보내십니다. 누구에게나 하나님이 보내시는 천국의 사냥개가 한 마리씩 있다는 이야기를 혹시 들어본 적이 있으신지요? "사람이 두려워하건 부정하건, 불길은 어김없이 찾아올 것이다. 피할 가망은 없다. 사랑은 굽힐 줄 모르기 때문이다."[12] 『나는 왜 그리스도인인가』(IVP)에서 존 스토트(John Stott)는 천국의 사냥개가 바울, 아우구스티누스, C. S. 루이스를 추적했듯이 그를 끝까지 쫓아왔다고 고백합니다. 그가 번역한 시편 23편의 남다른 표현이 마음에 와닿습니다. "주님의 선하심과 인자하심이 내가 사는 날 동안 나를 추적하고, 붙어 다니며 괴롭게 하고, 내 걸음 하나하나를 미행하리니."[13] 마약에 빠져 런던 빈민굴로까지 추락했던 프란시스 톰슨(Francis Thompson)을 끝까지 추적한 천국의 사냥개가 (이상은 높았으나 의지는 약했던) 자기에게도 지속적으로 찾아와 문을 두드렸기에 소외감과 패배감에 지친 마음이 마침내 열리게 되었다고 스토트는 말합니다.

나는 그에게서 도망쳤네, 밤에도 그리고 낮에도.
나는 그에게서 도망쳤네, 수많은 세월 동안을.
나는 그에게서 도망쳤네, 내 마음속 미궁 같은 길로.
그리고 슬픔 속에서도
나는 숨었네, 겉으로는 연이어 웃으면서도.
희망에 부풀어 오르다가도

두려움의 골짜기 거대한 음울 속으로
곤두박질쳐 버렸네,
나를 따라오는, 추적해 오는 그 힘찬 발소리로부터.
그러나 서두르지 않고
흐트러지지 않는 걸음걸이,
일부러 속도를 내며, 장엄한 긴박함으로,
두드린다—그리고 한 목소리가 두드린다,
발소리보다 더 긴박하게—
'네가 나를 배반하기에, 모든 것이 너를 배반한다.'

(중략)

"가여워라, 너는 알지 못하는도다,
네가 얼마나 사랑받을 만하지 못한 존재인지!
너처럼 비천한 자를 사랑할 이 누가 있으랴,
나, 오직 나 외에는?"(후략)[14]

이러한 천국의 사냥개가 쫓아오지 않는다면, 이로 인해 그리스도께 정조준되지 못한다면, 그리스도 안에 있는 길과 진리와 생명을 명중시킬 수 있는 다른 방도가 있을지요.

광막한 우주를 떠도는 조각배와 같은 우리 인생은 그저 우주 미아처럼 끝나 버릴지도 모릅니다. 이러한 상태를 성경은 바깥 어두움이라 하지요. 그리스도가 아닌 다른 어떤 방법으로, 천사의 계시 속에, 고요한 참선 속에, 처절한 수행 속에, 선명한 이데올로기 속에, 정교한 자기 계발 시스템 속에, 철저한 율법 속에 내 인생의 화살을 쏜다 한들 10점 과녁에 다다르지는 못합니다. 잘되어도 영원한 9점인 치명적인 과녁일 뿐이지요. 그래서 사도 바울은 인류 문명의 고등 학문인 고대 그리스-로마의 철학과 문학, 사상과 예술을 초등 학문이라 명명할 수밖에 없었습니다. 인간의 교만에서 나온 규정이 아니라, 하나님을 만난 한 인간의 진실에서 나온 고백입니다.

허상(illusion)은 이런저런 인간의 착각과 오류가 섞여 있는 부분적 진리에 불과한 일반은총을, 순도 100퍼센트 특별은총인 것처럼 둔갑시키는 일을 합니다. 실상(reality)은 무엇일까요? 14K 반지는 14K이지, 순금이 아님을 드러내는 것입니다. 하나님은 선지자 이사야에게 말씀하십니다. "이는 내 생각이 너희의 생각과 다르며 내 길은 너희의 길과 다름이니라. 여호와의 말씀이니라. 이는 하늘이 땅보다 높음같이 내 길은 너희의 길보다 높으며 내 생각은 너희의 생각보다 높음이니라"(사 55:8-9). 젊은 누군가는 아직 아침 7시라는 위로를 섣불리 믿고 기회가 한참 남아 있다고 생각할지 모릅니다. 물론 그럴 수 있지요. 그러나 그렇지 않을 수도 있습니다. 아무도 자신이 지금 몇 시를 지나는지 모르니까요.

시계를 바꾸는 계기

하지만 오늘날은 세상의 모든 것이 생각하고 판단하는 주체인 '나'에게 주어졌다고 믿고 싶은 80년, 이제 100년으로 늘어난 인생 시계를 실상이라 가정합니다. 그러고는 어떻게 하면 내 욕구와 갈망, 자아실현을 위해 주변에 있는 모든 걸 최대한 이용하고 소비할 수 있을까에 관심을 집중하는 모양새입니다. 그래서 우리 시대는 자기 자신으로부터 무언가를 시작하라고 말합니다. '해 아래에서 내가 시작이다'라는 것이지요. 이것이 자연스럽고 좋은 것이라고 속삭입니다. 그런데 정말 나 자신의 풍요를 찾아가면, 내 존재의 의미를 찾을 수 있을까요?

프랑스의 지성 자크 엘륄(Jacques Ellul)은 인간이 물질의 풍요를 행복으로 간주하면서 자신의 모든 문제를 해결할 효율성의 총체로 기술 체계를 신성화하기 시작했다고 우려

합니다. 하지만 기술의 자동화 수준이 고도화되면서 어느덧 인간은 신성화된 기술 체계에서 철저히 소외된 존재로 전락합니다.[15] 효율성이 표준이 되어 버린 기술 체계, 그래서 거기에 부합하지 않으면 인간 이하로 취급당하는 부정적인 세계 안에 꼼짝없이 갇힌 신세가 되고 만 것이지요. 그렇기에 오늘날 그리스도인조차, 부정적 세계인 기술 체계와, 세계를 구원하시려는 긍정적인 하나님 사이에 '끼인 존재'로 살아갑니다. 때로는 충돌과 모순, 갈등을 감당하기도 하고, 때로는 접촉점과 매개자로 살아가는 현실입니다.[16]

성경은 '생각하는 존재'인 개인이 인생의 알파, 존재의 실상이라 말하지 않습니다. 어떤 역사가들은 종교개혁가 루터가 생각하는 개인을 되찾았기에 근대의 알파를 구축했다고 평가하지만, 정작 루터는 자신을 존재하게 하는 더 큰 존재, '알파'가 따로 있다고 고백했습니다.[17] 내 삶의 이야기가 시작되는 더 큰 이야기가 있다고 증언한 것이지요. 그렇기에 당시 교황이든 황제든 하나님 외에 그 누구의 기준이나 갈망이나 결정도 알파가 될 수 없고, 오메가가 되어서도 안 된다고 분연히 외친 것입니다.

구약의 아브라함도 신약의 제자들도 자신이 실상(중심)임을 증명하고자 여정에 오른 것이 아니었습니다. 그들은 실상이신 분에게 이끌려 떠난 것입니다. "주님 말고 하늘에 누가 내게 있겠습니까? 내가 주님과 함께하는데, 땅에서 누구를 좋아하겠습니까? 내 몸과 마음이 사그라져도 하나님은 내 마음의 바위 벽이시고, 영원히 내 몫이십니다"(시 73:25-26, 새한글성경). '복음'이란 내가 실상이 아니라는 것, 그러니 절대로 나 자신에게서 이야기를 시작하지 말라는 것, 자기 자신을 찾고자 한다면 반드시 자신에게서 우선 빠져나와야 한다는 포고령 같은 것입니다. 기독교 윤리학자 라인홀드 니버(Reinhold Niebuhr)는 인간에겐 이성에 의한 자기 초월 능력(self-transcendence)이 있음을 직시했습니다.[18] 오직 인간만이 자신을 객관화할 수 있다는 말입니다. 그런데 어떻게 하면 자기를 객관적으로 직시할 수 있을까요? 첫 단추는 자신이 알파가 아니라는 것을 깨닫는 데 있습니다.

나의 '허상'에 거리 두기

내가 누구인지, 내게 주신 성소가 무엇인지 진정 알고 싶다면, 무엇보다 자기 연민에서 빠져나와야 합니다. 자기 몰입에서 벗어나야 합니다. 『빙점』(홍신문화사)을 쓴 일본의 기독교 작가 미우라 아야코는 원죄란, '깊이를 알 수 없는 어두운 동굴'과 같은 '자기 집착'이라고 적시한 바 있습니다.[19] 따라서 사람이 자신에게 너무 가까이 있는 것은 좋지 않습니다. 나 자신에게, 그동안 내가 쌓아 올린 것에, 내가 갈망하는 어떤 대상에 너무 애착을 두는 것을 피해야 한다는 것이지요. 정기적으로 자신에게서 적정한 거리를 두고, 자신을 객관적으로 바라보는 시간이 필요합니다. 이것을 우리는 영성 훈련이라 명명합니다. 하나님은 어째서 아브라함에게 바빌로니아의 우르를 떠나라고 하셨을까요? 그가 애착을 갖고 지내던 많은 것이 녹아 있는 도시 밖으로 일단 나오게 하려고 부르신 것 아니겠습니까?

미국의 C. S. 루이스라 불리는 팀 켈러(Tim Keller)는 거리와 분별이 긴밀한 상관관계가 있다고 보았습니다.[20] 이는 우리가 어떤 대상이든 적절한 거리를 두어야 그 대상이 정확히 보인다는 뜻입니다. 예를 들어 어떤 물체를 제대로 보고 싶다면, 그 물체에 눈을 너무 가까이 대지 말아야 한다는 것이지요. 가까우면 초점이 맞지 않기에 뿌옇게 되지 않습니까? 나의 시력이 아니라 대상과의 거리가 문제라는 것입니다. 나를 포함한 어떤 대상도 지나치게 가까우면 그 대상을 분별하기 어렵게 마련입니다. 자신의 코를 정확히 보는 이가 없지 않습니까? '숲에서 나오니 숲이 보이네'라는 양희은의 노랫말이 떠오릅니다.

그렇기에 실상이신 주님을 정말 만난 사람은 어떤 모양으로든 애착을 둔 대상으로부터 확연히 떠나는 경험을 하게 됩니다. 옛 자아와 거리 두기를 하고 있다고도 말할 수 있겠습니다. 이에 대한 깊은 숙고 끝에 맥도널드는 자아란 인간의 의식일지는 몰라도 인간 존재는 아니라고 선을 그은 바 있습니다. "아니다! 나는 네가 아니라, 완전하신 분과 함께 있겠다! 내 존재의 그림자 따위를 친구로 삼지 않겠다. 잘 가라. 자아여!"[21]

실상이신 주님을 조우한 적이 아직 없다면, 허상에 지나지 않는 자기 자신에 몰두하는 삶에서 날마다 떠나는 것을 체득하지 않았다면 소명자가 되기는 요원합니다. 나는 우연히 존재한 것일 뿐이고, 나를 지으신 존재의 실체가 없다고 생각하면 무슨 선택의 여지가 있을까요. 단지 우리는 허상에 지나지 않는 자아를 알파 삼아 일생을 살아 내야 할 것입니다. 인생의 기준도, 의미도, 방향도 죄다 스스로 정해서 살아야 하니까요. 필요하다면 이것들을 얼마든지 바꿀 수도 있겠지요. 인생의 목적도 나니까 나한테 편한 방식으로 목적도 정하면 그만입니다. 하지만 이것이 최선일 수 있을까요? 모두가 그렇게 살면 어떻게 될까요? 나를 위해 상대를 이용하고자 한다면, 상대도 나에게 그럴 수 있는 권리가 있음을 부인해서는 안 될 것입니다. 각자 사사기 시절처럼 자기 뜻에 맞는 대로 정하면 됩니다. 모두 자기 뜻이 알파요, 자기 추구가 오메가이니 말입니다.

하지만 허상인 내가 아니라, 나를 지으신 하나님이 실상으로 계신다고 한다면 이야기가 달라집니다. 삶의 의미, 방향, 목적이 보편적이고 절대적인 기준이 되시는 어떤 분에서 비롯되어야 하니 말입니다. '허상인 인간은 알파, 즉 실상이 아니다'로 명제가 바뀝니다. 칼뱅은 "우리 자신에 대한 지식에서 중심 문제는 인간의 능력에 대한 온갖 환상을 우리 속에서 제거하고 인간의 의로움에 대한 온갖 신뢰를 포기하는 것"이라고 말합니다.[22] 실상이신 분이 따로 계시기에 나는 더 이상 함부로 살 수 없으며, 모든 사람이 실로 소중하다는 결론이 나옵니다. 또한 실상이신 그분이 계시기에 우리 양심이 각자에게 호소하고 고발한다는 것도 깨우치게 됩니다. 무엇보다 그분이 실상, 즉 알파이시기에, 세상이 아무리 대단해 보여도, 그것은 기껏해야 베타요, 아무리 아름다워도 감마요, 아무리 정교해도 델타일 뿐이라는 것을, 즉 실상이 없이는 허상에 그치고 마는 것임을 알게 됩니다. 그 어떤 황홀한 기술, 문화, 카리스마도 '비신성화'됩니다.

실상이 담긴 빵과 포도주로

오직 복음만이 알려 줍니다. 예수 그리스도 그분만이 우리의 궁극적인 실상이라고. 그러니 실상이신 그분께 바탕을 두라고. In Christ(그리스도 안에서). 알파이신 주님은 아무도 시작하지 못한 일을 시작하게 하시는 분입니다. 그래서 그분을 만나면, 어떤 일도 도무지 시작하지 못하던 사람이 비로소 무언가를 실제로 시작할 수 있게 됩니다.

"나는 처음이요 마지막이다!" 그리스도는 단지 '시작'만이 아니라 '오메가'이기도 한 분이십니다. 돌이켜 보면 아무것도 제대로 못 마치기 일쑤이던 저 같은 사람이 아주 작은 일 하나라도 결실로 끝낼 수 있었을 때는 언제나 실상이신 그분이 찾아와 주신 때였습니다. 유일한 실제이신 분을 만나 그분과 이어지는 시간이라면 진정 결실이 나오는 법입니다. 우리 주님은 이 땅에서 그분에게 주어진 시간이 얼마인지 실제로 아셨고, 오늘 우리에게 주어진 시간이 얼마인지도 정확히 아십니다. 실상인 주님을 삶의 푯대로 삼고 살아갈 때만 비로소 나는 삶의 향방과 의미를 찾고, 참다운 삶을 살게 됩니다. 알파와 오메가로서 실상인 우리 주님의 존재하는 양식, 사유하는 양식, 그리고 행동하는 양식과 어우

러지며 연결되어 갈수록, 그분 안에서 베타로 태어난 우리, 그분 안에서 감마로 일하는 우리, 그분 안에서 델타로 노래하는 우리는 모두 각자의 자리에서 온전한 삶을 누릴 수 있지 않겠습니까?

경이로운 사실은, 실상이신 주님이 나를 그저 베타나 감마, 델타로만 대하지 않으신다는 것입니다. 주님은 먼지 투성이 같은 나를 그분의 처음이자 마지막으로 삼아 주십니다. 실상이신 그분과 연결된 내가 어찌 허상으로 남을 수 있을지요? 실상과 허상이 한 몸일 수는 없는데 말입니다. 오리게네스(Origenes)의 비유처럼 시뻘건 불에 달구어진 쇠가 불인지 쇠인지 구분할 수 없게 됩니다.[23] 구원을 '놀라운 교환'(wondrous exchange)이라 했던가요. 나의 쓸쓸한 저녁을 가져가시고 그분의 눈부신 아침을 주십니다. 그로 인해 우리는 실상이 아닌데 어느덧 실상이 되어 있습니다. 있을 수 없는 일, 벌어질 수 없는 사건입니다. 주님은 상하기 쉬운 빵과 포도주를 닮은 우리네 삶 안에, 우리네 삶과 함께, 우리네 삶 아래에(in, with, and under) 임재해 주십니다. 어느덧 우리는 실상이신 그리스도의 살과 피를 가리키는 빵과 포도주로 되어 가고, 실상이신 성령이 깃든 떡과 잔으로 되어 갑니다. 그렇게 된 나의 나날은 또 다른 누군가를 위한 육의 양식과 영의 양식이 되어 갑니다. 허상인 내가 나를 더는 알파 삼지 않을 때, 도리어 나를 알파로 오메가로 삼아 주신 주님! 그분은 나의 처음이 되어 주신 것처럼, 나의 마지막도 되어 주실 것입니다.

> 아무도 말 없는 날에 당신은 말합니다.
> 아무도 안 오는 날에 당신은 오십니다.
> 아무도 뵈지 않아도 당신은 보입니다.
> 아무도 웃지 않아도 당신은 웃습니다.
> 당신은 말씀이며 당신은 실상이며,
> 당신은 친구이며 당신은 평화이며,
> 목마른 가슴속에 끝없이 솟아나는, 사랑의 샘물입니다.[24]

실상이 아닌 것을 실상으로 꿈꾸었던 시간, 높지 않은 것을 높게만 우러렀던 시간, 영원하지 않은 것을 영원인 줄 알았던 나날. 슬프고 가슴이 시리도록 아립니다. 인생은 어찌 보면 나의 처음은 무엇이고, 나의 마지막은 무엇인지 그 실상을 찾아가는 긴 여행이 아닐까 싶습니다. 그러다가 실상이신 주님을 만난 사람, 그분을 내 삶의 알파와 오메가로 영접하기라도 하면, 아빌라의 테레사(Teresa of Avila)가 고백했듯, 삶에서 만나는 이런저런 지나가는 베타, 감마, 델타, 제타 등에 울고 웃지 않을 것입니다. 이러한 것들로 인해 정작 알파와 오메가를 잃어버린다면, 결국 아무것도 아니라는 실상을 알아버렸기 때문입니다.

아무것도 너를 슬프게 하지 말며
아무것도 너를 혼란케 하지 말지니,
모든 것은 다 지나가는 것, 다 지나가는 것,
오 하나님은 불변하시니 인내함이 다 이기느니라.
하나님을 소유한 사람은 모든 것을 소유한 것이니,
하나님만으로 만족하도다.[25]

2
사자와 꿀 ══════ 사이에서

'전사'에게 가장 필요한 것은 무엇일까요? 언뜻 생각할 때 용맹스러움 같지만, 좀더 고민해 보면 강철 같은 근육 아닐까 싶습니다. 잠에 빠진 제자들을 보시고 주님께서 하신 말씀이 떠오릅니다. "너희가 나와 함께 한 시간도 이렇게 깨어 있을 수 없더냐. 시험에 들지 않게 깨어 기도하라. 마음에는 원이로되 육신이 약하도다"(마 26:40-41). 하나님의 사람에게 요구되는 덕목도 순전한 마음뿐일까 자문해 보면 충분하지 않아 보입니다. 사탄의 어떠한 공격에도 쓰러지지 않는 단단한 영적 근육이 더 절실합니다.

이런 근육을 만들려면 어떻게 해야 할까요? '올라감'과 '내려감'을 반복해야 한다고 생각합니다. 신학 용어로 표현하자면 '죽임'(mortification)과 '살림'(vivification)의 시계추를 오가야 한다는 것이지요. 우리 주님은 나의 영혼을 부요하게 하시려고 내려감의 시간을 허락하는 분입니다. 또 위로를 주시려 올라감의 시간도 베푸십니다. 하나님은 그분의 자녀들에게 고난과 형통을 겸하여 주십니다. 내려가고 올라감을 반복해야 소명을 위한 영적 근육이 단련되기 때문입니다.

오르락내리락, 되풀이 섭리

프랑스 철학자 시몬 베유는 무릇 창조적 활동이란 "중력의 하강 운동, 은총의 상승 운동, 그리고 제곱한 은총의 하강 운동으로 이루어진다"라고 했습니다.[1] 중력만 하강 운동 같지만 사실 은총도 하강 운동이며 훨씬 더 강력하다는 것이지요. 어째서 하강 운동이 은총의 계기가 되는 것일까요? 그녀는 이렇게 답합니다. "어떤 사람이 우리에게 악을 끼쳐 그 때문에 우리가 낮은 곳으로 추락했다면, 그 악을 끼친 자를 용서하기란 불가능할 것이다. 그러나 그 악이 우리를 낮은 곳으로 추락시킨 것이 아니라 우리의 실체의 수준을 드러내 준 것이라고 생각해야 한다."[2]

나의 실상을 있는 그대로 드러내는 사건, 그것만큼 좋은 은총이 따로 없다는 것을 시몬 베유는 잘 알고 있었습니다. 그녀 역시도 그리스도인은 '반복'을 통해 형성되는 여정을 감수해야 한다는 데 동의한 것으로 보입니다. 끝없이 올라가기를 구한 것이 모조리 응답된다면, 이후에는 계속 내려가게 되지 않을까 싶습니다. 그럼 어떤 기도가 좋은 기도일까요? 아마도 조금 올라가고 조금 내려가기를 반복하면서 강인한 전사가 되도록 구하는 기도가 아닐까 싶습니다.

어느 분야든 전사의 경지에 다다르려면 수많은 훈련을 반복해야 합니다. 반복이야말로 최고의 성장 원리입니다. 하나님은 사도 바울을, 유럽과 소아시아의 수많은 영혼을 하나님 나라로 인도하는 영적 전사로 만들기 위해 배부름과 굶주림을 모두 경험하게 하지 않으셨던가요.

그리스도인이 소명을 따를수록, 일하기 좋은 곳보다 형편이 어려운 일터를 체험하게 되는 경우가 빈번합니다. 그건 목회자도 마찬가지입니다. 목회지가 있는 경우만 아니라, 목회지가 없는 경우도 경험하고, 성숙한 교우들이 있는 교회만 아니라, 조금 서툰 교우들이 있는 교회로도 보내집니다. 그래서 다양한 경험을 하게 하시는 주님의 깊은 섭리를 깨닫는 좋은 복이 있습니다. 신실한 소명자로 빚어 가시려는 주님의 사랑을 조금씩 깨달으면서 우리는 씨줄과 날줄처럼 배고픔과 배부름, 있는 것과 없는 것이 얽혀 있는 세상에서 그분을 이전보다 더욱 신뢰하며, 성령에게서 난마(亂麻)를 풀어 가는 능력을 받게 됩니다.

이러한 과정을 통해 성숙해 가는 종은 점점 하나님의 시선으로 달란트를 분별할 줄 알게 됩니다. 사람들은 대부분 별다른 생각 없이 다섯 달란트는 좋고, 한 달란트는 좋지 않다고 속단하지만, 그는 한 달란트의 비애만 아니라, 다섯 달란트의 고초도 깨우쳐 갈 것입니다. 공평하신 하나님은 소명을 위해 축복과 시련을 겸하여 주시는 분이며, 그렇게 우리를 주의 나라를 위한 그리스도의 온전한 형상으로 빚어 가신다는 것을 그가 배울 것이기 때문입니다. 사명이 완수되면 다섯 달란트든 한 달란트든 결국 지나가는 것에 불과하지 않겠습니까! 아빌라의 테레사가 남긴 말처럼, 모든 것은 다 지나가는 것이니 아무것도 나를 슬프게 하지 말며, 어떤 것도 나를 혼란케 하지 말아야 할 것에 지나지 않습니다.[3] 달란트도 그저 잠시 있다가 지나가는 것입니다. 그 달란트로 완수해 낸 사명에 대한 하늘의 갈채만이 끝내 남을 테니까요.

우리 각자에게 있는 지성, 기질, 성품, 건강, 교회, 친구, 가족은 모두 주님이 베푸신 소중한 투자금입니다. 이뿐 아니라 역경, 실패, 가난, 질병, 원치 않는 학업, 위기에 빠진 공동체, 배신 등도 지나고 보면 소명자로 살아야 하는 나를 위해 주님께서 치르신 값비싼 수업료입니다. 인생의 단맛이 아니라, 쓴맛을 먼저 보게 하시려고 친히 지불하신 것이지요. 그 누가 실패를 경험하지 않고 곧바로 성공 가도만 달릴 수 있을지요. 주님은 나를 진실한 소명의 사람으로 빚으시기 위해 값비싼 투자금이든 수업료든 차곡차곡 치르시면서 빛의 사명만 아니라, 소금의 사명까지 감당하도록 만들어 가시는 분입니다. 투자금도 내 것이 아니지만 수업료도 내 것이 아니었음을 우리는 한참 뒤에 알고 미소를 짓게 됩니다.

뜻밖의 장소에 감미로움의 창고가

주님은 내가 뼈아프게 여겼던 인생의 쓰라린 경험을 가지고도 '놀라운 교환'을 하시는 분으로 다가옵니다. 본래 '놀라운 교환'이란 교부와 개혁자들 모두가 강조했던 구원의 원리를 설명하는 용어인데, 주께서 내 죄를 가져가시고 그분의 의를 주신다는 의미입니다.[4] 그래서 놀라운 교환이라는 것이지요. 이 단어에는 더 많은 장면이 담겨 있습니다. 내 가난을 가져가시고 그분의 부요함을 주시는 주님. 그래서 믿을 수 없는 교환이라는 것인데, 이 세상에 누가 이런 교환을 해 줄 수 있을지요? 주께서 나의 더러운 것, 약한 것, 모자란 것을 고스란히 가져가시고, 그분의 깨끗함과 강함, 넘치는 풍요로 별안간 바꾸어 주셨으니 말입니다.

성경에는 이러한 '놀라운 교환'이 뜻밖의 모습으로 나오는 장면이 있습니다. 사사기 14장에서 딤나의 포도원을 지나는 삼손의 이야기를 기억하실 겁니다. 주일학교 시절 성경 동화 구연 대회를 준비하면서 이 장면에 흠뻑 사로잡혔던 기억이 납니다. 삼손 앞에 젊은 사자 한 마리가 으르렁거리며 덤벼듭니다. 그 순간 하나님의 영이 삼손에게 강하게 임하여 맨손으로 사자를 잡아 찢는 장면이지요. 이 사건 전에도 삼손은 자기 힘으로 어마어마한 일들을 했을 것입니다. 그러나 이날만큼은 자기 힘이 아니라, 주의 영으로 사자와 싸워 이겼습니다. 그랬기 때문에 이 일이 성경에 기록되었을 것이라 저는 생각했습니다.

돌아보면 우리 삶에도 그런 때가 있지 않나요? 나는 그저 맨손에 불과한데 사자같이 두려운 어떤 것이 맹렬히 달려드는 때가 있습니다. 하나님은 하늘의 능력으로 그 두려움을 이기게 해 주시지만 그렇게 이긴 내게도 분명 상처는 남게 마련입니다. 여기저기 상하고 찢겨 피가 철철 흐르기도 하지요. 목숨 걸고 겨우 이겨 내긴 했어도, 그다지 좋은 기억일 수는 없습니다. 어째서 하나님은 이런 일을 일어나게 하셨을까 질문하게 되고, 상당 시간 풀리지 않는 숙제로 남게 됩니다.

흥미로운 것은 '며칠 후에' 삼손이 자신이 죽인 사자가 어떻게 되었는지 보려고 길을 돌아갔다는 것입니다. 그런데 그곳에 신기한 일이 벌어지고 있었습니다. 사자의 주검에 벌

떼가 우글거리고 그 안에 꿀까지 있었던 것입니다. 그는 손으로 꿀을 떠서 맛있게 먹습니다. 그중 얼마를 부모에게 가져다드리기도 했지요. 물론 그 꿀을 어디서 얻은 것인지 말하진 않았지만요.

우리 인생의 달콤함이란 어디서 오는 것일까 생각해 봅니다. 하나님은 다른 것이 아닌, 나를 가장 두렵게 하는 것에서 그 달콤함을 맛보게 하시는 경우가 적지 않습니다. 축구 선수 차범근이 1970년대 후반 독일 분데스리가에 진출했을 당시 그에게 우는 사자처럼 달려와 쓰러뜨리던 무시무시한 독일 선수들이 없었다면, 넘어지지 않으려고 몇 년이고 삼시 세끼 스테이크만 먹겠다는 결단을 그는 할 수 있었을지요? 그를 전사로 만든 조력자는 날마다 맞닥뜨려야 했던 그라운드의 사자들입니다. 그런 과정이 있었기에 그는 수십 년이 지난 지금도 프랑크푸르트 시민들에게 기억되고 인정받는 위대한 선수가 되었습니다. 스캇 펙(Scott Peck)의 명언을 떠오르게 하는 일화입니다. "진실은 이것이다. 우리가 불행하거나 편안하지 않을 때 또는 충족감을 느낄 수 없을 때 그래서 무엇인가를 힘들게 싸워 찾을 때, 인생의 가장 멋진 순간들의 대부분이 바로 그런 순간에 우리에게 다가온다는 사실이다."[5]

하지만 사자에서 꿀이 나오는 경험은 유명 인사만의 전유물은 아닙니다. 평범하기 짝이 없는 이들의 일상에도 종종 찾아오는 뜻밖의 손님입니다. 제 지난날을 돌아보아도 사자가 맹렬히 달려들던 순간이 기억납니다. 삼손과 같은 힘도 없는 저에게 어찌 된 영문인지 하나님은 사자 한 마리를 보내셨습니다. 대학교 졸업까지 한 학기만 남겨 둔 초가을. 1년 동안 마른기침에 시달리다 학교 병원에 갔더니 폐결핵 진단이 나왔습니다. 곧 사회에 진출해야 할 시기에 아무것도 하지 말고 몇 년간은 요양 생활만 해야 한다는 의사의 엄격한 지시에 어찌해야 할지 눈앞이 깜깜해졌습니다. 치료가 되지 않으면 신학교도, 목회자의 길도 걸을 수 없는 상황이었습니다. 그러나 고향으로 가는 길이 슬프지만은 않았습니다. "가끔 사람들은 체포를 당함으로써 마음의 부담을 덜기도 하고 심지어 기쁨을 느끼기까지 한다"는데, 왠지 저는 하나님께 단단히 붙들린 것 같은 기분이 들었습니다.[6]

꿀을 맛보게 하는 사자의 성례

대학 동기 대부분이 사회에 진출하던 4학년 초겨울, 저는 요양 생활을 시작했습니다. 그때 저는 거의 매일 바닷가로

나가 주님께 절망과 아픔, 허물을 고백했습니다. 비가 와도 바람이 불어도 날마다 바닷가로 갔습니다. 그때처럼 하나님을 깊이 만나고 그분의 사랑과 위로를 누린 시절은 없었던 듯합니다. 제게 찾아온 한 마리의 사자가 아니었다면 만나지 못했을 순간과 사람들이 있었습니다. 두렵던 사자가 죽은 뒤 그 안에는 달콤함이 묻어 있었습니다. 그것은 신학교에 들어가 하나님을 아는 지식에 깊이 빠지는 은총이었습니다. 신학은 제게 즐거움을 주었습니다. 비쩍 마르고 가난한 신학생이었지만 영적으로는 호사를 누렸지요.

세월이 흐르고 다시는 사자가 나타날 것 같지 않았습니다. 그런데 주님이 주신 꿀을 당연하게 여기며 살던 제게 사자는 또다시 찾아왔습니다. 유학을 마치고 돌아와 광화문의 한 교회에서 청년 사역을 시작할 즈음 눈이 너무 불편해져서 안과를 찾았습니다. 의사는 6개월만 늦었어도 수술 자체가 불가능할 뻔했다고 말했습니다. 그리고 수술하지 못하면 몇 년 되지 않아 글을 읽을 수 없을 거라 했습니다. 가슴이 철렁했습니다. 수술은 생각보다 잘 되었지만, 얼마 지나지 않아 희박한 확률이었던 수술 후유증이 찾아왔습니다. 아침부터 저녁까지 온종일 면도칼로 눈을 깎아 내는 것 같은 통증이 계속되었습니다. 후유증이 완치되기 힘들 수도 있다는 의사의 소견에 막막함이 밀려왔습니다. 결국 저는 누구에게도 사정을 털어놓지 못하고 교회를 개척하겠다는 말씀을 드린 후 조용히 사임했습니다.

그러고 나서 서울 성수동 어느 대학 후문에 있는 당구장 2층에서 개척을 시작했습니다. 첫 3년 동안 수술 후유증에 시달리며 지하 카페에서 회사 사무실까지 다섯 차례 이사를 반복했습니다. 그런데 계속 눈이 낫지 않아 고민하다가 성 베데딕도회 서울 수도원에서 일주일 동안 침묵 기도를 하며 시간을 보냈습니다. 그곳에서 받은 응답은 눈이 조금이라도 덜 아플 때면 틈틈이 예전에 썼던 논문을 기초로 우리말 원고를 꾸준히 다듬어 보라는 것이었습니다. 수도원에서 돌아온 후 저는 몇 년간 그 작업을 해 나갔습니다. 그러면서 생각해 보았습니다. '만약 눈이 아프지 않았다면 어떻게 되었을까? 수술했더라도 후유증이 없었다면 어떻게 되었을까? 그랬다면 아마도 논문을 책으로 쓰는 일은 엄두조차 내지 못했을 것이다.' 목회만 생각했지 원고를 다듬는 일은 상상해 본 적도 없었으니까요.

9년간의 유학을 마치고 꿈에 부푼 채 귀국한 제게 하나님이 예비해 놓으신 것은 부흥하는 목회가 아니었습니다. 크고 두려운 사자의 귀환이었습니다. 육체의 가시를 통해 스스로 기대할 수 있는 것이 아무것도 없는 존재에 불과하다는 것을 온몸으로 깨닫게 하셨습니다. 제 안에 있던 교만의 성채가 하나씩 붕괴하기 시작했습니다. 저는 도무지 낫지 않는 육신의 가시를 지닌 채, 떠돌이처럼 다녀야 하는 개척 사역이라는 사자와 혈투를 벌이고 있었습니다.

그런데 거의 죽은 개처럼 된 줄 알았던 제게 주님은 뜻밖의 꿀을 얻게 하셨습니다. 다소 오랜 시간이 걸렸지만, 종교개혁 500주년이 되던 해에 『칼뱅과 공동선』(IVP)을 출간하게 된 것입니다. 그리고 그 책을 가지고 교우들과 수요일 저녁마다 공부할 수 있었습니다. 그리고 다른 개척 교회 목사님의 요청을 받아 그 교회 청년들과도 나눔을 할 수 있게 되었습니다. 그리고 이듬해 수술 후유증 완치 판정을 받았습니다. 무려 7년 만의 일이었지요. 바울에게서는 육체의 가시를 일평생 뽑아 주지 않으시던 주님이, 제 육체의 가시는 뽑아 주신 것입니다. 그리고 그로 인해 달콤함을 누리게 하셨습니다. 어쩌면 우리는 이렇게 담나의 포도원을 오가며 사자와 꿀 사이에 서 있는 것이 아닐까요?

하나님은 어째서 저로 하여금 고난의 길을 지나게 하셨을까요? 심리학자이자 상담가인 래리 크랩(Larry Crabb)의 글을 묵상하다 그 이유를 깨달았습니다. "그들은 하나님의 자녀이지만, 성부께서 그들의 삶에서 행하기를 가장 원하시는 선을 구하지 않는다. 그 선은 그들이 살면서 외면하고 싶은 힘든 시절에만 성취될 수 있는 최고의 선이다."[7]

사자와 꿀 사이에 있는 존재는 얼마나 많이 가졌는지, 혹은 얼마나 좋은 곳에 있고 지금 하는 일이 얼마나 잘 풀리는지에 따라 행복이 좌우되지 않는가 봅니다. 그보다는 생각지도 못한 사자를 만나서 전혀 예상치 못한 역경을 마주하게 되더라도 세상이 알려 주는 방식으로 맞서지 않고, 주의 영을 온전히 의지함으로 포기하지 않고 버티다 보면 하나님이 맡기신 임무를 다 마치고 주검이 된 사자를 목도하게 되는 것 같습니다. 금방 되는 일은 아니지만, 어느 날 사자가 있던 자리에서 죽은 몸이 아니면 도저히 나올 수 없을 꿀을 맛보게 되는 것이지요. 래리 크랩은 말합니다. "우리가 당연히 또 강렬하게 바라는 선을 행하시지 않는 하나님 앞에서 전율한 다음에야, 우리가 견디는 어려움 속에서 하나님이 최고의 선을 이루기 위해 일하고 계신다고 확고하게 신뢰할 때가 올 것이다."[8] 이렇듯 사자와 단 꿀 사이에서 주님은 시간이 걸리더라도 우리가 본래 되어야 했을 그분의 형상을 닮도록 빚어 가십니다.

만약 사자를 만나지 않고 그저 단 꿀만 주신다면 우리

는 어떻게 될까요? 운 좋게 받은 이런저런 꿀단지를 그저 나 자신만을 위해 소비하게 되지 않을까요? 그렇다면 내가 되어야 할 모습, 즉 주님의 소망과는 거리가 멀어지고 말겠지요. 행운의 여신에게 받은 반지라며 샴페인을 터트리면서도 그 반지를 자기 손에 꼭 움켜쥐고 놓지 않는 『반지의 제왕』(아르테)의 빌보 배긴스와 같은 이기적인 인생이 될 위험이 농후할 것입니다. 하지만 두려운 사자를 경험하면서 내가 아무것도 아닌 존재임을 자각하는 시점에 꿀을 받으면, 이것이 내가 노력한 결과가 아니라, 그저 선물임을 뼈저리게 깨닫게 됩니다. 나는 받을 자격이 없음에도 하나님께서 거저 베푸셨다는 것을 부인할 수 없게 되지요. 그러면서 하나님이 주신 감미로운 꿀을 나를 위한 '소비재'로 쓰기보다는 내게 허락하신 사람들을 위한 '관계재'로 쓰고 싶은 마음이 조성되는 것 같습니다.

행복의 직조술

이탈리아 경제학자 루이지노 브루니(Luigino Bruni)는 인간의 행복이란 자신을 위해 쓰는 소비재가 증가할 때보다 가까운 이웃을 위해 쓰는 관계재가 풍성할 때 더욱 커진다고 보고합니다.[9] 보리빵 다섯 개와 물고기 두 마리가 든 한 끼 도시락을 자신의 소비재로 삼지 않고 주께 관계재로 드렸던 어린아이를 떠올리게 합니다. 하나님은 얼마 되지 않는 그 아이의 도시락을 오천 명을 먹이는 일에 써 주셨습니다. 이처럼 하나님의 창조에는 두 가지가 있습니다. '아무것도 없는 데서' 있는 것을 만들어 내시는 '처음 창조'와 '거의 없는 데서' 경이로운 결과를 낳는 '새 창조'가 그것입니다. 사자와 꿀 사이에서 우리는 거의 없는 데서 오천 명을 먹이시는 주님의 새 창조와 마주합니다.

시편에서 말하는 행복은 일차적으로 철을 따라 맺히는 신선한 과실, 만발한 꽃과 잎사귀에 있습니다. 행복의 일차적 속성은 기쁨, 충만, 만족에 있기 때문입니다. 하지만 행복은 역설적으로 인생의 가장 높은 가치가 될 수 없습니다. 기쁨, 충만, 만족은 그 자체를 추구하며 얻어지는 가치가 아닌 까닭이지요. 성경 어디에도 행복을 추구하는 자들에게 복이 있다거나, 행복을 따라간 자들이 복이 있다고 표현하지 않습니다. 행복은 그 자체를 추구하는 방식으로 얻어질 수 없는 것입니다.

사람들 생각과 달리 행복을 담는 양말은 번영이나 성공이라는 털실로 짜여 있지 않습니다. 어찌 보면 다행스럽지요. 만약 번영과 성공만이 행복의 재료라면, 행복은 인생의 전성기에만 누릴 수 있거나, 인류의 극소수만이 구가하는 것이 되고 말 테니까요. 종국에 가서는 누구도 온전히 붙잡지 못하는 어떤 신기루에 지나지 않을, 그래서 궁극적 행복으로 귀결될 수 없는 일시적 즐거움으로 그치고 말 것입니다. 하지만 행복을 담는 양말은 옳음과 바름이라는 굵고 견고한 털실로 짤 수 있습니다.

'곧고 바르다'라는 행복의 더 깊은 히브리어 어원 '에쉐르'(אשר)를 기억할 필요가 있습니다. 비록 사자에게 물리는 한이 있더라도 하나님이 우리에게 보여 주신 길을 똑바로 걸어가는 것 자체가 행복임을 나중에야 깨닫는 경우가 다반사입니다. 그래서 래리 크랩도 행복이란 좁은 길을 걷는 것에 있고, 더 크고 선한 이야기 안에 사는 것에 있으며, 더 나은 사랑을 위한 싸움에 임하는 제자도의 삶에서 찾을 수 있다고 말하지 않습니까!¹⁰ 그래서인지 하나님은 단 꿀을 먼저 주시기보다 고난과 역경의 사자를 먼저 허락하시는 것만 같습니다.

그럼에도 많은 사람은 번영의 뜨개질에만 시간과 열정을 쏟아붓습니다. 지금보다 더 똑똑해지면, 더 외모가 나아지면, 더 높은 자리에 올라가면 사람들에게 인정받고 행복해질 수 있다고 생각합니다. 그런 것으로 사람이 행복해질 수 없는데 말입니다. 행복의 깊은 뜨개질을 아직 경험해 보지 못해서일 것입니다. 더 많이 배우고 재능을 활용하는 일들이 많아지지만, 경쟁과 소유에 짓눌려 행복에 대해 냉소적으로 변해 가는 일들이 속출합니다. 국민소득이 올라가고 기술은 고도화하고 시민들은 민주주의를 만끽하고 도시의 마천루는 끝없이 올라가는데 사람들의 마음이 예전만큼 정답지가 않은 것입니다.

그렇기에 사람이 '시냇가에 심은 나무'가 되어 철을 따라 열매를 맺으면 그것으로 충분히 행복하다고 노래하는 시편 1편을 유심히 들여다볼 필요가 있습니다. 세상에서는 어떻게 하면 사시사철 충만하고 번성할 수 있을까 비결들을 찾기에 여념이 없지만, 실상 사계절 내내 열매 맺는 나무란 없습니다. 기계도 아니고 유기체인데 그럴 수가 없는 법이지요. 야구 선수가 아무리 훌륭해도 일생 평균이 3할 정도면 대단한 것입니다. 다시 말해 7할은 출루하지 못했다는 뜻입니다. 즉, 불세출의 타자도 열에 일곱은 삼진아웃과 같은 사자를 만난다는 것이지요. 그러면서 세 번 정도 꿀을 만나면 정말 행복한 선수 아닐까요? 그 이상 바라는 것은 욕심입니다. 영화도 마찬가지일 것입니다. 내놓는 작품마다 흥행하는 감독은 없습니다. 또 그래야만 행복한 것도 아니지요.

내가 당한 일이 도리어

행복은 꿀로 상징될 수 있는 외적 소유의 극대화에서 오는 것 같지 않습니다. 행복이라는 것은 어쩌면 사자와 꿀 사이에서 내게 사자와 같은 고초를 허락하신 분, 그리고 그 고초를 통해 흘러나오는 단 꿀도 허락하신 분, 그렇게 하시면서 내 존재의 뿌리를 내려야 할 시냇가이신 분과 지금 깊이 연결되어 있다는 것을 깨닫는 사건에 달려 있음을 알게 됩니다. "여호와의 말씀이 엘리야에게 임하여 이르시되 너는 여기서 떠나 동쪽으로 가서 요단 앞 그릿 시냇가에 숨고 그 시냇물을 마시라. 내가 까마귀들에게 명령하여 거기서 너를 먹이게 하리라"(왕상 17:2-4). 그래서 성 아우구스티누스(Augustinus)도 이 세상 지식의 열매가 많은 데서 행복이 오는 것이 아니라, 존재의 시냇가이신 하나님을 삶의 애환 속에서 알아갈 때 거기서 최고의 행복이 밀려온다고 고백한 것 아닐까 싶습니다.[11]

신학자 미로슬라브 볼프(Miroslav Volf)는 세계화된 오늘날 지구에서 종교가 어떤 의미인지를 고심하면서 좋은 인생을 위한 두 가지 번영을 비교한 적이 있습니다. 그는 잘 풀리는 인생, 기분 좋은 인생을 나타내는 '번영'(prosperity)도 소중하지만, 가치 있는 인생, 의미 있는 인생을 나타내는 '번영'(flourishing)이 우선함을 일깨웁니다.[12] '번영'(prosperity)의 길에서는 사자란 피할 수만 있다면 정말이지 피하고 싶은 불청객에 지나지 않을 것입니다. 하지만 '번영'(flourishing)의 길에서라면 고초를 가져오는 사자도 내 삶의 이야기에서 환영해야 할 손님이 될 수 있습니다. 볼프는 누가 진정 행복한 사람일지, 인류의 미래를 위해 선택할 수 있는 대안적 삶은 과연 어떤 것일지 묻습니다. 저와 주변의 경험에 비추어 보면 그 길은 사자와 꿀 사이에서 찾아지는 것 아닐까 싶습니다. 오래전 암으로 투병 중인 노구를 이끌면서도 세속주의에 흠뻑 젖은 서구의 젊은이들 앞에 서서 담대히 전하던 프란시스 쉐퍼(Francis Schaeffer)의 외침이 떠오릅니다.

나는 여러분에게 행복을 구하지 말라고는 말하지 않겠습니다. 그러나 하나님께 여러분이 행복을 구하는 것 이상으로 구할 것이 있다면 거룩함입니다. 거룩함을 구하십시오. 거룩함을 구하면 행복할 것입니다. 그러나 거룩함을 망각한 채 행복만을 구한다면 여러분은 행복하지도 못하고 거룩하지도

못할 것입니다.[13]

하나님은 바울을, 인류에게 예수 그리스도의 생명을 누리는 '번영'(flourishing)의 삶을 알려 주는 전령으로 삼으시려고 그에게 많은 것과 적은 것을 각각 번갈아 체험하게 하셨다는 사실을 기억합니다. "어떠한 형편에든지 나는 자족하기를 배웠노라. 나는 비천에 처할 줄도 알고 풍부에 처할 줄도 알아 모든 일 곧 배부름과 배고픔과 풍부와 궁핍에도 처할 줄 아는 일체의 비결을 배웠노라"(빌 4:11-12). 하나님은 바울을 잘사는 인생, 잘 풀리는 인생, 기분 좋은 인생으로 만들어 주지 않으셨습니다. 그의 일생은 '번영'(prosperity)과는 거리가 멀었습니다. 오히려 하나님은 그의 영을 부요하게 하시고자 육신의 배고픔을 주셨습니다. 영적인 넉넉함으로 육체의 고초를 극복하게 하신 것이지요. 그렇게 바울은 하나님 안에서 복된 존재로 빚어져 갔습니다.

결국 하나님은 바울에게 가치 있는 인생을 살게 하시려고 그를 세심하게 인도하신 것입니다. 그렇기에 바울은 어찌 보면 '번영'(flourishing)은 단 하루도 빠짐없이 누리며 산 셈입니다. 사도 바울은 동족 유대인들과 이방 로마 제국으로부터 이중의 핍박을 받았습니다. 양쪽에서 그를 가혹하게 갈기도 하고 깎기도 했습니다. 그 사이에서 잠시 잠깐 사람의 눈에 좋아 보이는 '번영'(prosperity)은 희미하게 되었을지 몰라도, 그로 인해 오래도록 그와 함께할 또 다른 '번영'(flourishing)은 훨씬 더 커져 갔을 것입니다. 놀라운 교환을 통해 바울은 없는 것에서 있는 것이 나오게 하시고, 배고픔에서 배부름이 나오게 하시는 하나님의 일하심을 체득합니다. 바울은 우는 사자와 같이 달려드는 마귀와 일전을 치르면서도 오히려 거기에 배어 나오는 꿀을 먹었고, 이것을 초대교회 형제자매들에게 나누어 줍니다. "형제들아 내가 당한 일이 도리어 복음 전파에 진전이 된 줄을 너희가 알기를 원하노라"(빌 1:12). 물이 든 항아리에서 좋은 포도주가 어떻게 나왔는지는 물을 떠 온 하인들만이 알 수 있는 비밀인 것과 마찬가지입니다(요 2:9).

평생의 선물로 받은 천국의 우물

이 세상에서 우리는 또 다른 사자를 만나게 되어 있습니다. 두려움은 언제나 새로운 가면을 쓰고 찾아올 것입니다. 그것을 맨손으로 이길 수는 없습니다. 하지만 성령의 힘에 의지하여 버티다 보면, 어느새 사자는 죽어 있고 그 주검에서 어김없이 꿀이 생겨나는 사건을 경험할 것입니다. 창세기 26장에 보면 사자와 꿀의 놀라운 교환을 생생히 경험한 또 한 사람의 이야기가 나오지 않습니까? 유명한 이삭의 우물 이야기를 기억하실 겁니다. 본래 이삭은 그랄 땅에 머물 때 하나님께 복을 받아 큰 부자가 되었던 족장입니다. 우물 파는 기술을 어려서부터 성실히 연마한 장인이었기에 가능한 일이었습니다. 사막과 광야를 넘나들며 정착지가 없이 떠돌아다니는 유목민에게 우물을 파는 것은 생존을 확보하기 위한 중요한 기술 아니겠습니까! 이 기술은 오랜 경험과 연륜, 고도의 판단력과 인내력을 요구합니다. 이삭의 우물 파는 기술은 눈물과 땀과 피로 피워 낸 재능인 셈입니다. 그리고 하나님께서 이삭의 성실에 큰 복을 베푸셨습니다. 하지만 세상이 만만치가 않습니다. 이삭이 판 우물에서 샘물이 터져 나오기가 무섭게 질투에 사로잡힌 원수들이 가만두지를 않습니다. 기어코 이삭의 우물을 흙과 쓰레기로 막아 버린 것입니다.

하지만 이삭은 맞서 싸우지 않습니다. 경쟁자들의 우물에 찾아가 똑같이 흙과 쓰레기로 막는 복수도 하지 않습니다. 그는 싸우지 않고 그냥 조용히 떠났습니다. 언뜻 힘이 없어 그랬나 싶지만, 사실 그의 온유한 영성으로 일어난 결과입니다. 하지만 하나님은 온유한 자에게 땅을 선물로 주시는 분입니다. 온유한 이삭에게 물이 솟아나는 샘을 연거푸 주셨습니다. 그가 파는 우물마다 샘이 터집니다. 그런데 다툼은 또다시 일어납니다. "또 다른 우물을 팠더니 그들이 또 다투므로 그 이름을 싯나라 하였으며"(창 26:21). 하지만 이런 일이 반복되었다는 것은 그다지 중요하지 않습니다.

성경이 우리에게 알려 주고 싶은 메시지는 무엇일까요? 그런 고초를 겪는 이삭이 세상 방식의 싸움을 피하고 악인의 자리를 떠날수록 하나님께서 이삭의 지경을 넓혀 주시고 터트리는 우물도 많아지게 하셨다는 데 있습니다. 결국에는 원수들에게까지 잔치를 베푸는 관대한 이삭에게 하나님은 브엘세바의 우물, 즉 다시는 침범하지 않겠다는 약조를 얻어 낸 우물을 받게 하심으로 새로운 지평의 문을 활짝 여시고 그곳으로 들어가게 하십니다. "그 밤에 여호와께서 그에게 나타나 이르시되 나는 네 아버지 아브라함의 하나님이니 두려워하지 말라. 내 종 아브라함을 위하여 내가 너와 함께 있어 네게 복을 주어 네 자손이 번성하게 하리라 하신지라. 이삭이 그곳에 제단을 쌓고 여호와의 이름을 부르며 거기 장막을 쳤더니 이삭의 종들이 거기서도 우물을 팠더라"(창 26:24-25).

오늘 우리가 사는 세상은 어떨까요? 우물 하나 파는 것은 쉬운 일이 아닙니다. 그야말로 하늘이 도우신 은혜의 사건이 아닐 수 없습니다. 그런데 애써 판 우물을 빼앗기고 난 후에도 좌절하지 않고 다시 일어나 새로운 우물을 팔 수 있다면 이것이 은혜 위의 은혜가 아니고 무엇이겠습니까? 무정한 사자가 와서 쓰레기로 우물을 막는 고난이 계속 반복되어도 우물을 점점 더 커지게 하실 수 있는 전능하신 분을 만나는 일이 성경 이야기의 주를 이룬다는 것이 오늘 우리에게 어떤 의미로 다가오는지요. 스캇 펙은 단언합니다. "신비스럽고 역설적인 진실 중 하나는 인생이 우리에게 고통도 주지만, 그 고통이 지나가면 말할 수 없는 커다란 즐거움이 뒤따른다는 점이다."[14]

우리는 어제 그랬듯이 오늘, 그리고 내일도 사자와 꿀 사이에서 소명의 길을 걸어야 하는 존재입니다. 그 길에서 선으로 악을 이기는 훈련을 그만둬도 되는 편안한 날은 오지 않을 것입니다. 힘으로 되지 않고 능으로 되지 않고 오직 하나님의 영으로만 됨을 한순간도 떨쳐 버릴 수 없을 것입니다. 하지만 주님의 섭리는 딤나의 포도원으로 가던 길에서 맞닥뜨린 사자에게 다시 단 꿀이 나오게 하시고, 이삭의 땀방울이 떨어진 우물에서 다시 샘을 터트리시는 일을 하실 것입니다. 결국에는 우리를 하나님 나라의 번영을 온전히 누리는 영광의 자녀로 빚어내실 것입니다. "생각하건대 현재의 고난은 장차 우리에게 나타날 영광과 비교할 수 없도다"(롬 8:18).

3
선과 악 사이에서

네덜란드의 개혁신학자 아브라함 카이퍼는 이 세상 모든 것은 '어둠 속의 빛' 같아서 진리와 오류가 섞여 있다고 보았습니다. 찌꺼기를 조금도 남기지 않고 타며 빛을 발하는 '순수한 감람유'(pure olive oil)가 하나님의 진리와 같다면, 인류 문명은 다른 물질과 혼합된 '등유'(kerosene) 같아서 타고 나면 찌꺼기가 남기 마련이라는 것입니다. 모든 사람이 빛을 간직하고 있다고 하지만, 잘해 봐야 '부분적일 뿐인 빛'이고 그렇지 않으면 '순수하지 못한 빛'을 발하는 정도라는 것이지요.[1] 어떤 현자도, 어떤 종교도, 어떤 학문도, 어떤 지식도, 어떤 제도도 진리를 오롯이 담아낼 수는 없다는 의미인데, 사실 모든 것에는 진리와 오류가 어떤 비율로 섞여 있기 마련입니다. 그래서 상대적으로 더 좋을 수도 있고 더 나쁠 수도 있지만, 결국 모든 피조물 안에는 진리와 오류가 혼합되어 있다는 것이지요.

특히 인류의 소중한 자산인 고등 종교, 고등 학문, 고등 제도, 고등 문화도 그러하다고 카이퍼는 말합니다. 선한 것과 악한 것이 그 안에 섞여 있다는 것인데, 어쩌다 그렇게 되었을까요? 그 모든 것을 만들어 낸 우리 인간이 진리와 오류가 뒤섞인 존재, 선과 악이 혼재하며 깨끗함과 더러움이 공존하는 존재이기 때문일 것입니다.

그래서 평신도 신학으로 잘 알려진 폴 스티븐스(Paul Stevens)는 인간의 "일터는 영혼의 전투가 벌어지는 격전지"라고 말했습니다.[2] 우리가 일하는 모든 현장은 악이 파고드는 곳이기 때문이지요. 우리가 날마다 살아 내야 하는 일터는 선한 사람을 만날 수 있는 곳이기도 하지만, 이해하기 어려운 악한 사람, 거짓의 사람들을 직면해야 하는 현장이기도 합니다. 교회도 예외는 아닙니다. 알곡도 만나지만 가라지도 맞닥뜨리고, 양들을 만나지만 염소들도 마주하는 곳이지요. 처음에는 누가 누구인지 알기가 어렵습니다. 그래서 우리는 선한 일을 맛보는 기쁨도 누리지만, 악한 일에 휘말리는 쓰라림을 겪기도 합니다. 한쪽에서 우리는 기쁨, 선함, 사랑, 절제, 온유, 신실, 친절, 인내, 화평의 꿀을 맛보면서 동시에 다른 한쪽에서 자만, 탐욕, 음욕, 탐식, 분노, 나태, 질투, 동요, 권태의 쓴 물도 마시게 됩니다. 그렇다면 누가 선한 사람이고 악한 사람이며, 어떤 일이 선하고 어떤 일이 악할까요? 여기에 과연 명백한 기준이 있을까요? 있다면 어떠한 기준을 마음에 품고 현장으로 가야 할까요?

선과 악을 가르는 곳은 따로 있다

알렉산드르 솔제니친(Aleksandr Solzhenitsyn)의 자전적 체험을 생생하게 담은 소설 『수용소군도』(열린책들)에는 이런 대목이 나옵니다.

> 어떻게 하여 인간은 악인이 되고, 어떻게 하여 선인이 되는지. 젊어서 성공에 도취된 나는, 언제나 나 자신이 절대 옳다고 믿어서 잔혹했다. 지나친 권력을 가지고 있던 나는 살인자였으며, 탄압자였다. 가장 나쁜 행동을 할 때, 나는 내가 옳은 일을 하고 정연한 논리를 가지고 있다고 굳게 믿었다. 형무소의 썩은 짚단 위에 누워 있을 때, 나는 나 자신의 마음속에서 최초의 선(善)의 태동을 느꼈다. 차츰 나에게 분명해진 것은, 선악을 나누는 경계선이 지나가고 있는 것은 국가 간도, 계급 간도, 정당 간도 아니고, 각 인간의 마음속, 모든 인간의 마음속이라는 것이다. 이 경계선은 이동하고 있고, 세월이 흘러감에 따라 우리들 마음속에서 요동치고 있다. 악을 가진 마음속에도 선은 작은 공간을 차지하고 있고, 아무리 선량한 마음에도 근절되지 않는 악의 한구석이 있기 때문이다.[3]

인간의 선과 악의 경계선은 외부에 있지 않습니다. 선과 악을 가르는 기준은 이데올로기, 국경, 제도, 계층 같은 것이 아니라는 것이지요. 예를 들어 자본주의와 사회주의 자체는 선악의 기준이 아닙니다. 두 이념 사이에는 선과 악의 경계선이 지나지 않습니다. 동양과 서양, 자연과 문명, 강대국과 약소국, 북반구와 남반구, 중소기업과 대기업, 작은 교회와 큰 교회, 가난한 자와 부유한 자, 노동자와 기업가 사이에도 선악의 경계선이 놓여 있지 않습니다. 물론 사람들은 쉽게 선과 악을 나눌 수 있다고 단정하고, '우리는 선이고 너희는 악이다'라는 식의 편 가르기를 하고 싶어 합니다. 악한들만 골라내서 박멸하고 싶어 합니다. 어떤 사안이든지 그런 식으로 쉽게 몰아 버리고 싶어 하지요. 하지만 이것은 진실이 아닙니다. 오히려 시몬 베유는 "선은 조각조각 부서져서 악 속에 뿌려져 있다"라고 토로한 바 있지 않습니까.[4] 내가 인정하고 싶지 않은 상대에게도 부서졌을망정 뿌려진 한 조각의 선이 있다는 걸 외면하고 싶어 하는 것은 아닌지요.

성숙한 사람은 진실을 직면합니다. 정신의학자 스캇 펙은 『아직도 가야 할 길』(율리시즈)이라는 저서에서 진실로 삶이 어렵다는 사실을 깨달아야 그것을 뛰어넘을 수 있다고 알려 줍니다. 이 말은 문제를 있는 그대로 이해하고 받아들이면 더는 예전 같은 방식으로 힘들지는 않게 된다는 의미입니다. 대부분 사람은 문제를 해결하기보다 불평하고 싶어 합니다. 그래서 그는 정신 질환의 원인이 개인이 당면한 문제와 그에 따르는 고통의 감정을 피하려는 성향에 있다고 진단했던 것입니다. 하지만 우리 사람은 고통스럽더라도 자신에게 닥친 문제가 무엇인지 정확히 파악하고 직면해야 그것을 해결하는 과정에서 배우고 성장하는 존재가 될 수 있습니다.[5]

이를 선과 악의 문제에 대입해 보면 무엇이 진실일까요? 사도 바울은 로마에 보내는 편지에서 "내가 원하는 바 선은 행하지 아니하고 도리어 원하지 아니하는 바 악을 행하는도다"(롬 7:19)라고 탄식했습니다. 경계선의 신학자 틸리히의 말처럼 사람의 곤경은 자신 안, "깊은 곳"에 실재하는 어떤 집요한 힘에서 발생한다는 것입니다. "그 깊은 곳이 현대사에서 가장 악마적인 세력이 솟아 나오는 토양이 되지 않았던가!"[6] 그래서 진리와 오류, 깨끗함과 더러움이 섞여 있지 않은 사람이나 시대는 존재하지 않는 법입니다. 자기 심장 한쪽을 잘라 내고 사는 사람이 존재할 수 없듯이, 선악의 분기선이 끊임없이 움직이는 영혼의 어느 한쪽도 들어

낼 수 없는 노릇이 아닐지요.

사정이 이러하니 '나는 옳고 너는 그르다', '나는 깨끗하고 너는 더럽다'라고 해서는 곤란하기 짝이 없습니다. 오히려 "악에 대립하는 선은, 어떤 의미에서는 대립하는 모든 것이 그렇듯이 악과 질이 같아"져 버릴지도 모르는 것 아닌지요.[7] 급기야는 라인홀드 니버의 뼈아픈 지적처럼 우리는 점점 "공동체 내 개인들 간의 관계보다는 공동체 상호 간의 관계에 더 주목하게" 되고 "사람들은 집단적 행동의 냉혹성에 의해 새롭게 고통" 받으면서, "공통된 환멸과 고통을 느끼지" 않을 수 없게 됩니다.[8]

누구든지, 언제든지

그러니 원죄란 알고 보면 어떤 것일까요? 내가 잘한 것은 과시하고 잘못한 것은 감추고 싶은 것이 아닐까 싶습니다. 누구도 여기에서 예외일 수는 없다는 것이 원죄의 본질(essence)이라 저는 생각합니다. 상대방이 잘한 것은 감추고 못한 것은 들추고 싶은 것, 이것이 바로 원죄라는 것이지요. 한마디로 원죄는 선악을, 다른 무엇이 아닌 오직 자기를 중심으로 재구성하는 사람의 실상입니다. 이를 간파했던 칼뱅은 "우리는 '선'이라는 단어를, 의로움이나 미덕으로 이해하지 말고, 모든 피조물 각자의 본성에 일치하는 편안함에 대한 욕망으로 이해해야 한다"라고 정확한 진단을 내리지 않았습니까?[9] 그러니 개인이든 교회든 국가든 공동체의 유익한 구성원이 되려면 이 문제를 직시하고 진실하게 다뤄야 할 것입니다. 그렇다면 진실은 무엇일까요? 선과 악을 가르는 경계선이 특정한 인종과 집단, 정파와 계급, 지역과 사상에 있지 않다는 것입니다. 그 경계선은 오히려 모든 사람의 영혼과 내면을 시퍼렇게 관통하고 있습니다.

그렇기에 100퍼센트 선한 이도 없고, 100퍼센트 악한 이도 없습니다. 깨끗하기만 한 사람도 없고, 더럽기만 한 사람도 없습니다. 영혼의 밭이 좋은 땅이기만 한 사람도 없고, 나쁜 땅이기만 한 사람도 없습니다. 네 종류의 밭이 한 존재의 삶에 고루 나타납니다. 물론 점점 좋아지는 밭이 있고, 점점 나빠지는 땅도 있습니다. 그러나 그런 땅을 만나는 우리 각자의 사정도 크게 다르지 않다는 것을 잊어선 안 됩니다. 내 안에도 좋은 땅만 있지 않습니다. 길가와 같은 땅도 있고, 가시덤불로 덮인 땅도 있으며, 드물지만 흙이 얇은 땅도 있습니다. 그리고 네 종류의 밭들 사이로 선과 악의 경계선이 고압선처럼 우리 내면을 관통하고 있다는 것입니다.

3장 선과 악 사이에서

이 무시무시한 고압선의 실체는 다음과 같습니다.

> 한 심장이 살아가는 동안 이 선(線)은 때로는 열광적인 악으로 짓눌리기도 하고 때로는 어둠을 제거하는 선(善)에 공간을 내주면서 심장 위에서 이동을 계속한다. 동일한 인간이라도 나이와 상황에 따라 완전히 다른 사람이 되곤 한다. 어떨 때는 악마에 가까워지기도 하고, 어떨 때는 성인에 가까워지기도 한다…선에서 악까지는 단 한 걸음밖에 안 된다는 속담이 있다. 따라서 악에서 선까지도 마찬가지다.[10]

이처럼 상황이 녹록지 않습니다. 그래서인지 사람의 심장이 '선한 것을 보물로 쌓아 둔 창고'처럼 되면 좋겠는데, 대개는 '악한 것을 보물로 쌓아 둔 창고'로 끝나 버리곤 합니다(마 12:35). 그러니 삶의 현장에서 지혜롭고 온전한 그리스도인이 되려면 이를 분별해야 합니다. 일터에서 벌어지는 선한 일과 악한 일들 사이에서 힘겨워하는 사람들을 진실로 돕고 싶다면, 먼저 선과 악 사이를 관통하는 고압선의 민낯을 간파해야 합니다.

다시 말하지만, 현대 문명에서 선과 악의 경계선은 사회주의 혁명과 자본주의 기업 사이를 지나고 있지 않습니다. 지고한 선은 금생에 얻을 수 없습니다. 그 누구도 자신들이 완전한 선이라고 미화하는 것은 옳지 않고, 상대를 그저 악하다고 매도하는 것도 옳지 않습니다. 아무리 자본주의와 사회주의가 각자의 진영 안에서 지고한 선을 찾을 수 있다고 유혹한들, 상대 진영 안에 치명적인 악이 있다고 선동한들, 그들 안에는 완전한 선이 존재하지 않습니다. 중소기업이 대기업보다 선하다고 윤색될 필요가 없고, 대기업이 중소기업보다 악하다는 편견을 가질 필요도 없습니다. 또 어떤 사회주의 혁명가가 고상한 삶을 살았다 해도, 또 아무리 자본주의 기업가가 부패한 삶을 살았다 해도, 혹은 이와 반대라 해도, 선과 악의 고압선은 그 둘 사이를 지나지 않습니다. 그들 각자 내부에 시퍼렇게 놓여 있습니다. "너희가 전에는 어둠이더니"(엡 5:8)라는 사도 바울의 고발에 아무도 예외일 수 없습니다.

나치 전범 아돌프 아이히만(Adolf Eichmann) 재판을 방청하던 유대인 생존자 예힐 디 누르(Yehiel Dinur)가 큰 충격을 받은 듯 흐느끼다 쓰러졌습니다. 전범의 악마 같은 모습 때문에 그랬냐고 묻는 기자에게 그는 그렇지 않다고, 오히려 전범이 생존자인 자신과 다를 바 없는 너무나 평범한 사람이라는 사실, 여건만 되면 얼마든지 밤하늘로 줄기를 뻗

칠 어둠의 씨앗과 같은 마성이 자신 안에 있다는 사실을 깨닫고 형언할 수 없는 충격을 받았노라 토로했습니다.[11]

이처럼 선과 악의 고압선은 인간 사회의 모든 존재와 모든 그룹, 모든 진영 내부에 살아 있습니다. 여성의 인권과 존엄을 교묘하게 짓밟는 은밀한 남성의 폭력성은 어떤 정치적인 두 진영 사이에 있지 않습니다. 모든 남성의 내면에 위험천만한 고압선처럼 흐르고 있습니다. 사람들은 상대 진영의 잘못이 드러나면 그것으로 그 진영의 신념까지 먹칠하려 듭니다. 그러나 선과 악은 정치적으로 남용할 수 있는 문제가 아닙니다. 로마서에서 사도 바울이 말한 것처럼, "의인은 없나니 하나도 없기" 때문입니다(롬 3:10).

정의를 위한다는 명분으로 자기 이득을 위해 상대에게 악한 수단을 쓰려는 잠재적 위험성은 누구에게나 있습니다. 서로 상대의 눈에 있는 티만 보려 하지, 자기 눈 속의 들보는 보려 하지 않지요. 이를 직시했던 라인홀드 니버는 "자신에 대해서는 관대하고 다른 사람에 대해서는 엄격해지는 잘못을 시정하려면, 무엇보다도 다른 사람의 이기주의보다 자기 자신의 이기주의를 더욱 가혹하게 억제하는 훈련이 반드시 필요하다"라고 피력한 바 있습니다.[12] 그렇지 않으면서 선과 악의 고압선을 밟는다면, 누구든지 심각한 위험에 처할 수 있습니다. 어느 쪽도 절대 선이 아니고, 절대 악도 아니기 때문입니다. 하지만 우리는 너무 쉽게 선과 악을 구분할 수 있다고 과신합니다. 선과 악의 문제에 쉽게 다가가 손을 뻗습니다.

아담과 하와처럼 선과 악을 알게 하는 나무의 열매를 따려는 것은 위험천만한 일입니다. 모든 실상을 오류 없이 수행하실 분은 오직 하나님 한 분이시기 때문이지요. 하나님 안에 온전히 있지 않은 우리에게, 악한 쪽의 접시에 무거운 추가 올려져 기울어진 접시저울 같은 인간에게 선을 선이라 부르고 악을 악이라 부를 수 있는 능력이 여전하다고 주장하는 것이 오히려 이상하지 않은지요? 하지만 사람들은 선지자 이사야가 경고하듯이 "악을 선하다 하며 선을 악하다 하며 흑암으로 광명을 삼으며 광명으로 흑암을 삼으며 쓴 것으로 단 것을 삼으며 단 것으로 쓴 것을 삼는 자들"(사 5:20)에 지나지 않을 때가 훨씬 더 많습니다. 그리고 그런 자들에게 하나님은 화를 선언하십니다.

그런데도 세상은 날마다 자기들 스스로 선과 악을 규정하려 듭니다. 선한 일과 악한 일, 좋은 일과 나쁜 일을 구분하고 판단하며 심판하는 명료한 지식이 자신 안에 있다고 믿어 버립니다. 우리는 이렇게 날마다 선악을 알게 하는 나무의 열매를 따 먹고 있습니다. 이것은 너무나 먹음직스럽고 가능해 보이는 일이기 때문일 것입니다. 선과 악을 판단하는 나무의 열매는 사람의 이성과 감정과 의지를 비롯하여 오감 전체에 상당한 만족감을 가져다주곤 합니다. 그래서 가장 가까운 이들에게도 그 열매를 건네어 함께 먹게 만들지요. 훗날 극적으로 하나님의 계시를 체험한 작가 김승옥이 약관의 나이에 썼던 소설 『환상수첩』(문학동네)에 젊은 날 스스로 생애를 마친 등장인물을 다른 친구가 평가하던 한 대목이 떠오릅니다.

> 죄란 게 있다고 한들 또 어떠한가? 불가피하게 죄를 짓게 되면 짓는 것이다. 그러나 죄의 기준이란 게 없어진 지금, 죄의 기준을 비단 죄뿐만 아니라 모든 것의 기준을 일부러 높여서 생각할 필요는 없다고 나는 생각한다. 그는 분명히 환상(幻想)적인 기준을 만들어 두고 거기에 자기를 맞추려고 애썼던 모양인데 참 바보 같은 놈이었다. 그가 고통하며 지낸 밤이 길었다면 내가 고통하며 지냈던 밤은 더욱 길었으리라…나의 건강이 회복되면 그때는 나도 죄의 기준이란 것을 좀 올려볼 생각이지만 뭐 꼭 그럴 필요도 없으리라고 믿는다.[13]

이렇듯 인간의 고장 난 이성은 선한 일을 악한 일로 오판하고, 악한 일을 선한 일로 착각하곤 합니다. 그래서 우리가 살아가는 현장이 저주를 받습니다. 평생토록 수고해도 일하는 곳은 열매와 더불어 가시와 엉겅퀴를 냅니다. 선과 악을 가르는 죄의 고압선이 아담과 하와의 영혼으로 침투해 들어온 탓입니다. 하나님을 경배하고 이웃을 사랑해야 할 사람의 영혼이 선과 악을 판단하고 선고하는 자아로 주저앉은 것이지요. 아우구스티누스의 표현을 빌리면, 본성적 자아가 교만하게 부풀어 올라 오히려 시야를 가리게 된 셈입니다.[14]

선과 악의 치명적인 고압선

종교개혁가 루터에 따르면, 본래 선과 악을 알게 하는 나무는 하나님께 경배하는 장소에 심긴 예배당 나무, 즉 제단과 강단 같은 것이라고 합니다.[15] 타락 이전에 아담과 하와는 선과 악을 자의적으로 판단하지 않고 하나님의 말씀에 따라 분별했다는 것이지요. 그러니 아담과 하와가 뱀의 유혹을 받아 선악과를 먹었다는 의미는, 하나님 존전 앞에 놓여 있던 참과 거짓의 구분선을 그들 각자의 자아 속으로 이전해 버린 것이 아닐까 합니다. 하나님 앞에서는 아름드리 나무 같던 선악의 구분선이 자기 중심적인 인간 내면에서는 하나의 치명적인 고압선이 되고 맙니다. 그나마 이것의 심각성을 인지하는 은총을 받은 자들은 다행히 최고선이신 하나님을 다시 바라보고 생명나무를 찾아가는 영적 순례를 시작할 수 있게 됩니다. 하지만 대부분의 사정은 그렇지 못합니다. 어떻게 대처할지 고민하다가 결국 그 무시무시한 선악의 고압선을 자기 영혼에서 빼내어 외부로 이식하려 합니다. 또 선과 악의 경계표를 닥치는 대로 여기저기에 세워, 옳고 그름을 자기 편의대로 규정하기도 합니다. 끝없는 경쟁, 차별, 불의, 갈등, 사기, 독식, 착취가 여기서부터 시작되었다고 저는 생각합니다.

물론 악은 우리 내면에만 있지는 않습니다. 사회 구조와 제도 곳곳에 은밀히, 혹은 노골적으로 깃들어 있기도 하니까 말입니다. 전체주의와 집단주의는 악이 특정 제도와 집단, 지역을 거의 잠식했을 때 벌어지는 일들이지 않습니까! 사람으로 존재한다는 정도 말고는 어떤 선도 남아 있지 않은 상태라고나 할까요. 예를 들어 탐욕적이고 이기적인 자본주의 혹은 통제 사회주의는 모두 악이 깃들기 좋은 끔찍한 둥지라고 할 것입니다. 더군다나 극심한 광기의 시대도 따로 있지 않습니까! 솔제니친의 말처럼 "지칠 대로 지친 선이 누더기를 걸치고 감방 한구석에 말 한마디 없이 앉아 지내야 하는 시대"가 있습니다.[16] 아무도 악에 대해 입도 열지 못하는 어두운 시절이 있는 것이지요. 하지만 악이 어디에서 그 일을 처음 시작하는지 확인하는 것이 중요합니다. 그곳은 다른 데가 아닙니다. 사람의 내면입니다.

심지어 하나님을 아는 것을 목적으로 하는 신학도 선과 악을 알게 하는 나무를 사람의 내면에서 외부로 무리하게 옮겨 심으려 할 때가 있습니다. 예를 들어 진보 진영과 소통하는 신학은 하나님의 경제를 분배의 관점에서 보려 합니다. 반면에 보수 진영과 소통하는 신학은 생산의 관점에서 보려 하지요. 하지만 이 세상에 존재하는 모든 것에 선과 악이 병존한다는 카이퍼의 통찰에 따르면, 따뜻한 온기가 담겨 있을 것 같은 분배 속에도 차가운 악이 도사리고 있어서 자유로운 창조성과 열정을 얼마든지 갉아먹을 수 있습니다. 반대로 달콤한 보상을 약속할 것 같은 생산에도 쓰디쓴 악이 스며들어 탐욕과 이기심을 과도하게 부추기다 결국 파국에 이르게 할 수도 있습니다.

이것은 선악을 알게 하는 나무의 열매를 아담과 하와가 먹은 순간부터 선악의 치명적인 고압선이 우리 내면에 들어왔기 때문입니다. 이것이 제도 이전에 사람의 내면에 놓여 있고, 공동체 이전에 각 개인 안에 시퍼렇게 존재한다는 사실을 잊지 말아야 합니다. 집단의 광기가 한 개인의 광기를 만들어 내기 전에, 한 개인의 광기가 집단의 광기를 만들어 냈음을 보아야 할 것입니다. 그래서 사도 바울은 '한 사람 예수 그리스도로 말미암아 생명이 들어오고, 한 사람 아담으로 말미암아 죄와 죽음이 들어왔다고'(롬 5:15-21) 선언하지 않습니까!

과연 무엇이 선한 일이고, 무엇이 악한 일인지요? 사실 우리가 하는 거의 모든 일을 들여다보면, 선과 악, 즉 깨끗함과 더러움을 구분하는 하나의 깊은 경계선(border line)이 이 세상에 존재하는 모든 조직과 생각, 인격과 영혼에 복잡하고 모호하게 깔려 있습니다. 그러니 정치인이든 기업가든, 교육자든 공무원이든, 심지어 성직자든 신앙인이든 간에 그들 내면에는 이런 고압선이 걸쳐 있고, 그 위에 불안하게 선 채로 끝없이 희망과 절망, 기쁨과 슬픔, 질서와 무질서, 충만함과 덧없음, 의와 죄를 동시에 맛보고 있는 것입니다.

실상을 한 꺼풀만 더 벗기면 훨씬 심각한 대립 구도가 깊이 고착되어 있는 것을 보게 됩니다. 이를 간파했던 시몬 베유는 어떤 하나의 악과 직접 대립하는 것들 상당수가 알고 보면, "선의 더 높은 차원에 속하는 가치"라기보다, "대체로 그것은 악보다 아주 조금 위에 있는 것"에 지나지 않는다고 폭로합니다. 도둑질과 부르주아의 사유재산 중시, 간음한 사람과 정숙한 사람, 저축과 낭비, 거짓말과 진실성 같은 것도, 알고 보니 고차원의 선을 익히는 학교에 들어갈 수 없는 학군에 죄다 속해 있더라는 것입니다.[17] 사정이 이렇다 보니 빵을 훔친 장 발장은 비천하고, 흠결이 있는 그를 일생 파헤치려던 경감 자베르는 고상하다고 구분해서 말하기는 곤란하다는 것이지요.

지고지순한 인물도 이 세상엔 없지마는, 그 반대의 경우도 찾아보기 어렵다는 것을 유념해야 합니다. 성경의 인물이든 오늘날 일상에서 만나는 사람이든, 그 마음과 하는 일 속으로 가만히 들어가 보면, 거기에는 선과 악의 고압선이 맹렬히 지나고 있습니다. 우리는 모두 타락한 존재기 때문입니다. 설사 그리스도 안에서 구원의 은총을 받아 의롭다고 하는 자라 할지라도, 우리는 여전히 선과 악의 고압선이 떨리듯 흐르는 겉사람, 즉 죄의 본성을 옆에 끼고 있어서 성화의 삶에는 아직도 서툴고 더디기만 한 존재들입니다.

심지어 선악의 고압선은 하나님이 사람에게 베푸신 최고의 선물인 '사랑'에까지 파고 들어가 그 사랑을 종횡으로 그어 버리기도 합니다. 여기서 나온 개념이 신학자 디트리히 본회퍼(Dietrich Bonhoeffer)가 『신도의 공동생활, 성서의 기도서』(대한기독교서회)에서 소개했던 정신적 사랑과 영적 사랑의 차이가 아닌가 싶습니다. 그는 영적 사랑이 그리스도 때문에 타자를 사랑하는 것이라면, 정신적 사랑은 나 자신을 위해 타자를 사랑하는 것이라고 말합니다.[18] 다시 말해 영적 사랑이 선과 악의 경계선에서 선의 영역으로 들어온 것이라면, 정신적 사랑은 선과 악의 경계선에서 악의 영역으로 나가 버린 것입니다. 그래서 정신적 사랑은 자신이 일하는 조직과 공동체를 위한다고 포장하지만, 결국 자신의 욕망을 달성하기 위한 수단에 불과한 경우가 허다합니다. 반면에 영적 사랑은 내 욕심을 내려놓고 나와 함께 일하는 사람들을 성숙하게 하는 데 헌신하는 마음일 것입니다.

우리가 잘 아는 복음서의 마르다가 많은 일로 분주했고, 주님께 불평을 털어놓았던 이유는 적어도 그날만큼은 정신적 사랑에 사로잡혔기 때문이 아닌가 싶습니다. 반면에 (남녀 역할 분리가 선하다고 규정했던 당시 시대 상황에 어긋나는 행동이었어도) 주님 발치에 앉아 말씀을 들었던 마리아는 하나님의 선하심을 이루는 옥합이 될 수 있었습니다. 이처럼 솔제니친이 포착했고 아우구스티누스에게서 기원한 선악을 구분하는 선(線)은 사람이 이 땅 위에 사는 동안 내면에 영구히 거주하는 하나의 경계를 가리키고 있습니다.

지극히 선하신 분과 진정 연결되었다면

그렇기에 선한 삶을 살며 선한 일을 하는 존재가 되려면 무엇을 어떻게 해야 할지 고민이 됩니다. 선악의 경계선에 서 있어야 하는 건 피할 수 없지만, 우리가 할 수 있는 일이 있지 않을까요? 하나님의 도성과 세상의 도성, 이 두 도시의 국경선에 서 있다 해도 우리 삶에서 맛보는 선의 근원을 항상 하나님께로 돌리는 영성 생활이 절실합니다. "나의 선한 행위는 실은 당신이 하시는 일이요, 나의 선물입니다"라고 말입니다.[19] 최고선이신 그분 안에서 나 자신과 상황을 깊이 성찰하는 것이야말로, 독선이나 위선이 아닌 참된 선으로 나아가는 유일한 길이기 때문입니다. 이를 잘 알았던 아우구스티누스는 "은혜가 모든 선한 일 앞에서 간다. 선을 행하는 데서 의지는 은혜를 따라가지, 은혜를 이끌지는 않는다. 의지는 따라간다. 의지는 앞서가지 않는다"라고 강조했습니다.[20]

　우리가 일터와 사역 현장에서 잠시 겪는 악의 고난도

우리에게 임할 영광과 족히 비교할 수 없을 정도로 가볍다는 것을 잊지 않았으면 합니다. 이것은 악이 작다는 의미가 아니라, 선이 그만큼 크다는 의미입니다. 우리 인생길에서도 선이 승리하는 것이 최고선이신 그분의 섭리니 말입니다. 그러니 소명의 길에서 만나는 이들을 천사와 악마, 선한 사람과 악한 사람으로 함부로 이분화하는 행위는 바람직하지 않습니다. 우리가 겪는 선한 일과 악한 일이 지고선이나 최악인양 과신하는 것도 어리석은 일입니다. 나 자신도 어제 하루는 선했지만, 오늘 하루는 악할 수 있습니다. 오전엔 어떤 일을 선하게 완수하고서도 오후엔 다른 일을 악하게 처리할 수 있습니다. 아무리 선한 마음을 먹었다 해도 내 주위가 악한 상황이라 그 선함을 오해할 때도 있습니다. 반대로 아무리 악한 마음을 먹었다 해도 주위에 가득한 선한 영향력으로 마치 선한 것처럼 포장될 수도 있습니다. 내가 선한 일을 해낸 것 같아도 누군가의 조력이 있을 수도 있습니다. 내가 악한 일을 저지른 것 같아도 누군가의 그물에 말려든 것일 수도 있지요.

그러니 내 영혼을 지나는 선과 악의 경계선이 오늘은 어디쯤 걸쳐 있는지 매일 말씀의 거울에 비추어 성찰해야 합니다. 내 심장에 '선한 것을 보물로 쌓아둔 창고'와 '악한 것을 보물로 쌓아둔 창고'를 성령의 조명에 따라 정돈해야 합니다. 하나님 나라를 바라보며 매일 일용할 양식처럼 주시는 말씀을 붙들고 가슴에 새기며 선하신 주님의 마음과 하나 되기를 간구하고 순종하는 것 외에 다른 길이 있을지요.

물론 때로 실패할 수 있습니다. 악한 창고는 견고한데 선한 창고가 예전 같지 않을 수 있습니다. 그렇다고 절망할 일은 아닙니다. 빌립보 교회에 보낸 사도 바울의 편지처럼, 우리 안에 선한 일을 시작하신 하나님께서 그 일을 지속하셔서, 그리스도 예수께서 오시는 그날에 멋지게 완성하실 것을 조금도 의심치 않기 때문입니다(빌 1:6). 유진 피터슨(Eugene Peterson)이 잘 풀어낸 것처럼, 그리스도께서 우리 안에서 하나님의 일을 완성하실 것이라는 소망은 결코 비현실적인 공상이 아닙니다. 하나님의 도우심이라는 분명한 현실에 근거하여 우리가 기도하고 바라는 것 아니겠습니까![21]

사실 진정 예수님과 하나 된 사람이라면 그분의 심정을 자기의 심정으로 함께 느끼는 자일 것입니다. 예수님 마음의 특징 중 하나가 지극히 선하신데도 불구하고 '자신의 선함을 조금도 생각하지 않으시는 것'입니다. 한 사람이 주님께 "선한 선생님"하고 부를 때 주님은 "나를 왜 선하다고 하나요? 하나님 한 분 말고는 아무도 선하지 않습니다"(막

10:18, 새한글성경)라고 대답하셨습니다. 주님은 자신을 단 한 번도 선하다고 여기지 않으신 듯합니다. 오직 하늘 아버지를 선하신 분으로 여기셨지요. 어째서 그러셨을까요? 왜 자신이 선하다는 것을 알지 못했을까요? 아니면 혹시 자신이 선하지 않다고 생각하셨던 것일까요? 저는 우리 주님이 너무나 선하셨기에 이렇게 대화가 진행되었다고 생각합니다. 사실 아무리 선한 존재로서 칭송받는 이라 해도, 자기 스스로 선하다고 의식하고 표출하는 그 순간, 그리고 남들보다 자신이 더 낫다고 여기는 순간, 선 그 자체와 상당한 거리두기가 시작되는 것 아니겠습니까.

선한 마음은 자기 모습을 보며 참 좋다 하지 않습니다. 오히려 자신은 잊고 상대만 바라보며 한없이 좋다고 여기는 마음입니다. 주님은 적당히 선하지 않으셨고 한없이 선한 분이셨기에 '어째서 나를 선하다고 하느냐?'라고 진심을 담아 말씀하셨다고 생각합니다. 이는 마치 정직한 사람은 자신의 정직함을 도무지 생각하지 않는 이치와 같다고 맥도널드는 풀어냅니다. 보통 선한 사람은 어떤 선함을 보면서 오히려 자신의 악을 생각한다는 것이지요. 물론 "예수님께는 악이 없으셨기에 자신의 악을 생각할 수 없으셨지만, 그렇다고 해서 자신의 선함을 생각하지도 않으셨다"라는 점

도 빠트리지 않았지만 말입니다.[22]

　정말 아름다운 존재는 자기가 얼마나 아름다운지 모릅니다. 그 사실이 그 존재를 더욱 아름답게 만들어 주는 건 아닌지요. 지나가던 한 사람이 묻습니다. "공작새야. 네가 얼마나 아름다운지 너는 아니?" 공작새는 대답합니다. "나는 내가 아름다운지 잘 모릅니다." "네가 얼마나 아름다운지 너는 아무것도 모르는구나. 그래서 네가 더욱 아름다운 것인지도 몰라."[23] 진정 선한 존재는 자기를 선하다 여기지 않습니다. 그렇기에 그는 선합니다. 정말 하나님 보시기에 높은 사람은 자기가 얼마나 높은지 알지 못하는 법입니다. 정말 하나님 보시기에 선한 사람은 자기가 얼마나 선한지 알지 못하는 법입니다. 그래서 C. S. 루이스는 "우리의 운명은 우리 자신을 최대한 드러내지 않고, 우리 것이 아닌 빌려 온 향기를 입으며, 우리 얼굴이 아닌 다른 얼굴 형상을 가득 비추는 깨끗한 거울이 되는 것에 놓여 있다"라고 갈파합니다.[24]

　평생 병고와 가난 속에 가족도 없이 교회 종지기로 살았던 권정생 선생님이 돌아가셨을 때, 정작 같은 마을 사람들은 그를 그저 홀로 사는 외롭고 가난한 노인 정도로만 알고 있었다고들 하지요. 마을에 몰려드는 기자들을 보며 이

웃들은 그가 널리 알려진 동화 작가였다는 사실에 놀랐고, 책으로 들어온 모든 수입은 가난한 이웃과 굶주리는 북한 어린이들을 위해 남김없이 써 달라는 유언이 있었다는 사실에 더 큰 충격을 받습니다.[25] 권정생 선생님을 흠모하던 어느 후배 목사님이 그런 말을 했다지요. "형은 지가 젤 불쌍하면서 남들 불쌍하다는 말만 해!"

그러고 보면 진실로 어진 마음은 자기 연민에 빠지는 법도 없고 자기를 드러내는 일도 없나 봅니다. 그저 타인에게만 깊은 연민을 갖고 오른손이 하는 일을 왼손도 모르게 베풀기만 합니다. 정말 하나님 보시기에 아름다운 사람은 자기가 얼마나 아름다운지도 모른 채, 이처럼 무지의 구름 속에 일생을 삽니다. 그러나 그들의 진선미는 향기가 되어 온 세상에 오래도록 퍼져 나갑니다. 퀘이커 신자인 시인 존 휘티어(John Greenleaf Whittier)의 작품 "영원한 선하심"(The Eternal Goodness)에서 저는 그런 광경을 봅니다. "나는 모릅니다. 무성한 종려나무 솟은 그분의 섬들이 어디에 있는지. 내가 아는 것은 내가 아무리 표류해도 그분의 사랑과 보살핌 안에 있다는 것뿐"(I know not where His islands lift, Their fronded palms in air; I only know I cannot drift, Beyond His love and care).

주님께서 자신의 선함이 아니라 하늘 아버지의 선하심을 기뻐하시며 "어찌하여 너는 나를 선하다고 하느냐?" 하신 것처럼, 진정 그리스도인이라면 자신의 선한 일이 아니라 주님의 선하심을 기뻐하며 '어찌하여 우릴 선하다 하십니까!'라고 고백하는 자들로 살아가게 마련 아닐까요? 신학자 토머스 토런스(Thomas Torrance)의 말처럼, '살아 있는 인격'(living person)이자 '인격화시키는 인격'(personalizing person)이신 주님과 연합된 인격으로 '되어 가는' 그리스도인이라면 선과 악 사이에서 과연 어떠한 발자취를 남길까요?[26] 하나님 앞에서 주님을 따르는 '가운데 길' 내내 남을 나보다 낫게 여기는 그리스도의 향기로만 한결같이 존재함이 필연 아닐지요! "선한 사람은 그 쌓은 선에서 선한 것을 내고 악한 사람은 그 쌓은 악에서 악한 것을 내느니라"(마 12:35).

4

울림과 떨림 사이에서

살다 보면, 지금까지 모호했던 것이 온전히 드러나는 때가 있습니다. 마치 현미경이나 망원경으로 들여다본 것처럼, 이전에 감추어졌던 무언가가 미처 생각지도 못한 방식으로 갑자기 밝혀지는 순간이 있지요. 때로 그 순간은 개인의 일생을 결정짓고, 학문과 예술의 차원을 변화시키며, 역사의 방향까지 뒤바꿉니다. 이를 가리켜 성경은 '계시'라고 말합니다.

1978년 4월 어느 쾌청한 오후, 문학을 전공하고도 재즈 카페를 운영하며 근근이 살아가던 한 청년이 야구 경기를 보러 갔습니다. 1회 말 야쿠르트 팀의 선두 타자가 2루타를 딱 하고 때리는 순간, 그 상쾌한 소리와 함께 청년에게 예기치 않은 문장 하나가 찾아왔습니다. "그래, 나도 소설을 쓸 수 있을지도 몰라." 훗날 무라카미 하루키는 회고합니다. "그런 생각이 찾아온 순간, 하늘에서 뭔가 천천히 내려왔다. 마치 하얀 야구공처럼. 나는 두 손으로 그것을 받아냈다. 때마침 그것은 일어났다. 일종의 계시 같은 것이었다. 본질의 돌연한 현현이었다. 내 삶에 어느 날 갑자기 뭔가가 눈앞에 쏙 나타나고 그것에 의해 모든 일의 양상이 확 바뀌었다."[1]

20세기 교회를 움직인 책으로 평가받는 『그리스도와 문화』(IVP)의 저자 리처드 니버(Richard Niebuhr)는 계시를 마치 '번쩍하는 문장' 같다고 절묘하게 정의했습니다.[2] 도저히 이해할 수 없는 난해한 책을 읽다가 마침내 만나는 문장 하나가 있습니다. Luminous Sentence!(번쩍하는 문장) 그 문장에서 통찰을 얻은 독자는 책장을 다시 앞뒤로 넘깁니다. 그 때부터 앞에서 이해되지 않던 수많은 문장이 거짓말처럼 풀려 나가지요. 인생도, 학문도, 역사도 씨름해야 하는 책과 같을진대, 어찌 그런 순간이 없겠습니까? 철학자 화이트헤드(Alfred North Whitehead)는 이를 가리켜 삶에 다가오는 '특별한 계기'라고 규정합니다.[3] 다른 모든 계기를 해석할 수 있는 계기라는 뜻입니다. 어쩌면 다른 모든 일은 그 일을 성사시키기 위해 차곡차곡 축적된 일인지도 모르지요.

입을 만드신 이가 말하지 아니하시랴!

'계시가 필요한 이유'는 기독교 역사에서 아주 중요하고 흥미 있는 주제로 다루어져 왔습니다. 계시는 객관적 사건일까요, 아니면 주관적 경험일까요? 계시 사건은 세상의 바깥에서 실제로 발생하는 것을 가리킬까요, 아니면 주로 나의 의식 안에서 일어나는 사건을 가리키는 것일까요?

성경에 나오는 계시는 객관적이면서 동시에 주관적인 사건입니다. 살아 있는 하나님이 특정 인물과 사건들을 통해 말씀하고 행동하는 것, 그것이 계시지요. 계시 사건의 극본과 감독은 하나님이지만, 주연 배우는 사람입니다. 즉 계시 사건은 하나님의 모노드라마나 독백이 아닙니다. 하나님과 사람이 함께 펼치는 공동 작품입니다. 하나님의 계시는 예술적 창조, 혹은 과학적 탐구에서 예기치 않게 일어나는 새로운 통찰과 비슷한 측면이 있습니다. 그래서 계시는 단순한 정보나 공지가 아닙니다. 또한 하나님이 무언가를 그저 보여 주시는 것만도 아닙니다. 계시는 하나님이 나에게 무언가를 알게 하시는 사건입니다. 예수님이 하늘과 땅을 통일하시는 부활의 첫 열매이시듯, 계시는 객관과 주관이 통일된 사건이지요.

그렇다면 하나님이 우리에게 어떤 것을 알게 하신다는 것은 무엇을 의미할까요? 크리스토퍼 놀란(Christopher Nolan) 감독의 작품 〈인터스텔라〉는 많은 이에게 사랑받은 영화입니다. 머지않은 미래, 자연은 황폐해져 대기에는 먼지가 가득 찼고, 그로 인해 농사를 지을 수 없는 땅이 되어 버린 지구가 등장합니다. 그리고 한 소녀가 벽의 책장이 쿵쿵 흔들리면서 책이 한두 권씩 떨어지는 일을 겪습니다. 영화 초반에는 이것이 무엇을 뜻하는지 도무지 알 수 없습니다. 하지만 후반에 이르면 정황이 다 밝혀집니다. 그 책들을 움직인 벽의 진동은, 우주선을 타고 저 머나먼 행성으로 탐사를 떠났던 소녀의 아빠가 벽 반대편에 있는 블랙홀에서 사랑하는 어린 딸에게 보내오는 간절한 신호였습니다. 처음에 계시는 흔들림으로 경험되었지만, 나중에 보니 계시는 두드림이었던 것이지요. 계시는 우리 쪽에서 볼 때 수동태지만, 하나님 쪽에서는 능동태입니다. '울림'이라는 능동적 사건이 먼저 있었기에 '떨림'이라는 수동적 사건이 발생하는 것이지요.

이처럼 성경에 나타난 계시는 우리와 만나길 바라시고, 우리 생명을 회복하길 원하시는 하나님의 은혜로운 열망이라 할 수 있습니다. 계시는 하나님을 알 수 없게 된 나, 그분과 연락이 두절된 나를 향한 하나님의 변함없는 관심입니다. 그래서 계시의 근본은 사랑입니다. 계시는 자식을 향한 하늘 아버지의 '두드림'입니다. 그렇기에 계시에서 우리는 하나님의 열정을 느낄 수 있습니다. 울림과 떨림의 교향곡과 같지요. 계시는 나와 교제하고 싶어 하시는 삼위 하나님의 초대장입니다.

하지만 여전히 의심하는 사람들도 있습니다. 하나님이 사람을 만나기 위해 찾아오시는 계시 사건이 과연 가능하기나 한 것인지 회의합니다. 하지만 예수님이 제자들에게 하나님을 아버지로 소개하신 것을 한번 생각해 보면 좋겠습니다. 만약 어떤 자녀에게 단 한 번도 말을 걸어온 적이 없고, 단 한 번도 편지를 보낸 적도 없으며, 단 한 번 문자 메시지를 보내온 일조차 없는 아버지라면, 과연 그런 존재를 아버지라고 할 수 있을까요? 그 사람은 생물학적인 아버지일지는 몰라도 결코 부모일 수는 없을 것입니다.

하나님이 예수 그리스도를 통해 우리에게 하늘 아버지가 되어 주셨다는 믿음이 기독교 신앙의 핵심입니다. 만약 하늘에 계신 그분이 말씀을 통해 어떤 것도 드러내지 않으신다면, 우리는 그분을 이해할 수 없고, 생각할 수도 없습니다. 따라서 계시가 없다면 그분은 우리 하늘 아버지가 되실 수 없습니다. 우리를 그분의 자녀로 삼으셨기에 그때부터 하나님은 계시의 하나님이실 수밖에 없지요. 한마디로 하나님은 계시하시는 하나님이셔야 합니다.

성경은 하나님을 말씀하시는 하나님이라고 선포합니다. 시편 기자의 이 고백을 기억하시는지요. "귀를 지으신 이가 듣지 아니하시랴 눈을 만드신 이가 보지 아니하시랴"(시 94:9). 그렇습니다. 듣는 내 귀를 만드신 하나님은 내 기도를 들으시는 하나님, 보는 내 눈을 만드신 하나님은 내 모든 형편을 살피시는 하나님, 말하는 내 입을 만드신 하나님은 내게 말씀하시는 하나님, 뛰는 이 심장을 만드신 하나님은 내 모든 것을 나와 함께 느끼시고 아파하시며, 체휼하시는 하나님이 아니시랴! 하나님은 우리 모든 것을 듣고 보시며, 깊이 느끼고 계신 분이십니다.

그런 인격적인 하나님의 계시를 받는다면 말씀을 합리적으로만 이해하는 수준에 더 이상 머무를 수 없습니다. 그는 구원을 경험하게 됩니다. 계시를 통해 역사하시는 성령께서 내 지식과 이해만 새롭게 하지 않으시고, 내 의지까지 순종으로 이끄시는 까닭입니다. 그래서 하나님의 계시를 받으면, 이전에 보지 못하던 것을 보게 되고, 예전에 알지 못하던 세계를 체험하게 됩니다. 그중에도 가장 중요한 변화는 예전에 전혀 하지 못하던 순종이 이제 가능해진다는 사실입니다. 삶이 서서히, 그러나 현저히 바뀌기 시작하지요. 그렇기 때문에 계시는 우리를 참된 존재로 변화시키는 첫 단추인 셈입니다.

거리 두기 없는 빛 속으로

이 세상에는 한 종류의 빛만 있지 않습니다. 온 천지를 환하게 비추며 생명을 선사하는 햇빛도 있고, 어두운 방 안을 잠시 비추는 조그마한 등잔불도 있으며, 찬연히 타오르는 도시의 야경도 있고, 시골 강둑의 애처로운 반딧불도 있지요. 하나님을 알려고 애쓴 사람의 수많은 노력은 어찌 보면 밤하늘에 깜박이는 별빛 같을지도 모릅니다. 분명 빛이 있다는 것을 알려 주는 별빛이지만, 동시에 지금이 밤이라는 것, 즉 우리가 한없이 어두운 시절을 지내고 있다는 것을 알려 주는 빛이기도 하지요. 셀 수 없이 많은 별이 연출하는 밤하늘은 보기에 무척이나 아름답고 우리를 황홀하게 합니다. 하나님을 찾으려는 사람의 마음이 이와 같습니다. 문학의 별들, 철학의 별들, 과학의 별들이 여기에 속합니다. 그러나 별빛은 우리가 사는 이 땅에 참 생명을 주는 빛은 되지 못합니다.

성경은, 아스라한 별빛에 의지해 하루하루 더듬으며 사는 이 세상을 이처럼 사랑하신 분, 바로 하나님이 우리를 몸소 찾아오셨다는 것을 가르쳐 줍니다. 그리고 그분이 이스라엘과 교회를 택하셔서 사람에게 자신이 어떤 분인지 먼저 알려 주시고 본격적으로 드러내셨다고 말합니다. 성경은 이를 가리켜 '특별계시'라고 하지요. 물론 하나님은 때로 자연을 통해, 사람의 양심을 통해, 또는 학문이나 예술을 통해, 혹은 역사적 섭리를 통해서도 당신을 알리십니다. 예수를 믿든지 믿지 않든지 모든 이에게 주시는 '일반계시'가 있기 때문입니다.

그러나 하나님은 아주 특별한 비전과 말씀으로 택하신 자녀들에게 친히 자신을 계시하시는 분입니다. 성령의 영감으로 역사하는 말씀을 통해 두드리시는 것이지요. 그래서 마침내 하나님의 독생자 예수 그리스도를 통해 직접 이 세상의 문을 두드리셨습니다. 이러한 특별계시는 결코 빛 밖에서 빛을 연구하고 분석하는 사건이 아님을 유념할 필요가 있습니다. 성경에 나오는 특별계시는 백 가지가 넘는 악기로 연주하는 오케스트라 음악을 조그마한 라디오로 축소해서 듣는 경험, 즉 음 밖에서 음을 듣는 것과 다릅니다. 이 계시는 오페라 극장 안에서 라이브로 듣는 경험, 즉 음 안에서 음을 듣는 것에 가깝습니다.[4] 물론 오페라 극장 안에 있다 해도 그 안에서 울려 퍼지는 악기들의 모든 음을 죄다 들을 수는 없겠지만 말입니다. 그렇다 해도 라디오로 듣는 것에는 견줄 수 없는 실제 체험입니다.

그래서 필립 얀시(Philip Yancey)는 수많은 각도로 빛을 볼 수 있게 하지만, 정작 우리를 빛 밖에 머물게 함으로 실제로는 빛을 축소하여 경험하게 만드는 과학기술의 존재론적 한계를 꼬집습니다.[5] 빛 밖에서 빛을 관찰하기 때문에 놓치는 경이로움이 이만저만이 아니라는 것이지요. 빛 안에서 빛을 체험하는 계시가 없이는 울림도 없고 떨림도 없게 마련 아닙니까. 반면 선지자 이사야가 본 하나님이 자신을 부르시는 환상은 마치 어두운 헛간 창밖에서 쏟아져 들어오는 빛 가운데 서는 경험과 같았습니다. 하늘 보좌 앞 문지방의 터가 요동할 때 이사야도 그 진동을 느끼며 휘청거렸습니다. 성전에 자욱한 연기를 그도 들이마셨습니다.

> 웃시야왕이 죽던 해에 내가 본즉 주께서 높이 들린 보좌에 앉으셨는데 그의 옷자락은 성전에 가득하였고 스랍들이 모시고 섰는데 각기 여섯 날개가 있어 그 둘로는 자기의 얼굴을 가리었고 그 둘로는 자기의 발을 가리었고 그 둘로는 날며 서로 불러 이르되 거룩하다 거룩하다 거룩하다 만군의 여호와여 그의 영광이 온 땅에 충만하도다 하더라. 이같이 화답하는 자의 소리로 말미암아 문지방의 터가 요동하며 성전에 연기가 충만한지라. 그때에 내가 말하되 화로다 나여 망하게 되었도다 나는 입술이 부정한 사람이요 나는 입술이 부정한 백성 중에 거주하면서 만군의 여호와이신 왕을 뵈었음이로다 하였더라. 그때에 그 스랍 중의 하나가 부젓가락으로 제단에서 집은 바 핀 숯을 가지고 내게로 날아와서 그것을 내 입

술에 대며 이르되 보라 이것이 네 입에 닿았으니 네 악이 제하여졌고 네 죄가 사하여졌느니라 하더라. 내가 또 주의 목소리를 들으니 주께서 이르시되 내가 누구를 보내며 누가 우리를 위하여 갈꼬 하시니 그때에 내가 이르되 내가 여기 있나이다 나를 보내소서 하였더니. (사 6:1-8)

C. S. 루이스는 빛을 옆에서 바라보는 것과 안에서 바라보는 것의 극명한 차이를 구분합니다. "헛간에 들어가면 먼저 창문을 통해 들어오는 빛줄기와 다음에 빛 속에 흩날리고 있는 먼지를 보게 될 때가 있다." 이것은 계시 체험이 아닙니다. 빛 밖에 있기 때문이지요. 계시 체험은 이 빛 안으로 직접 들어가 빛 속에서 창문을 보는 것입니다. "그렇게 되면 매우 다른 광경이 펼쳐진다. 즉 빛줄기는 더는 보이지 않고 대신 창문 밖에 있는 나무와 태양의 모습을 보게 된다. 이처럼 빛줄기를 옆에서 보는 것과 그 빛 속에서 바라보는 것은, 매우 다른 결과를 초래한다."[6] 이러한 계시의 실상을 잘 알았던 신학자 헤르만 바빙크는 한 걸음 더 나아가, 계시의 빛은 나의 외부에 객관적으로 실재하면서 둘러싸는 빛으로 다가옴과 동시에, 내 눈이 그걸 볼 수 있게 밝혀주는 빛으로 다가온다고 설명합니다.[7] "진실로 생명의 원천

이 주께 있사오니 주의 빛 안에서 우리가 빛을 보리이다"(시 36:9).

번쩍하는 문장!

어쩌면 계시는 가벼운 '두드림'(노크)이라고도 할 수 있겠습니다. "볼지어다 내가 문밖에 서서 두드리노니 누구든지 내 음성을 듣고 문을 열면 내가 그에게로 들어가 그와 더불어 먹고 그는 나와 더불어 먹으리라"(계 3:20). Look! I stand at the door and knock. 하나님이 자신을 주도적으로 드러내시기에 우리는 하나님을 알게 됩니다. 그분이 우리에게 계시를 받을 수 있는 믿음을 선물로 주셔서 우리로 신앙인이 되게 하시는 것이지요. 하나님의 계시하시는 손은 신앙의 손으로만 잡을 수 있는 손입니다.

이러한 계시는 오직 보여 주는 자에게 모든 결정권이 있는 법입니다. 우리에게는 아무런 권한도 없습니다. 계시는 마치 편지와 같아서 보내는 자가 직접 친필로 써서 보내 줘야 발송되는 것이지, 받는 자가 아무리 상상한들 받을 수 있는 게 아닙니다. Extra nos(우리 밖에서)! 계시에서 하나님은 능동태, 사람은 수동태입니다.

하지만 동시에 계시와 신앙은 한 마리의 나비처럼 총천연색의 데칼코마니를 이루고 있습니다. 그래서 그리스도인의 신앙은 필연적으로 계시와 연관되어 있습니다. 계시와 신앙은 함께 서는 것이지요. 십자가와 면류관을 나눌 수 없듯이, 계시와 신앙도 나눌 수 없습니다. 이는 특별은총 안에서 하나가 됩니다. 물론 자연과 이성도 일반은총으로서, 또 하나의 나비가 되어, 데칼코마니를 그려 내지요. 하지만 이 둘은 자주 갈등에 빠지곤 합니다. 둘만으로는 채워지지 않는 부분이 있음을 서로 알기 때문이지요.

이렇듯 하나님의 계시가 없이는 기독교 신앙도 없습니다. 계시를 통해 신앙을 갖게 된 그리스도인들은 그들이 사는 세상을 단지 육신의 눈으로 바라보지 않습니다. 눈에 보이는 이 우주, 즉 코스모스(cosmos)를 넘어서는 질문이 있고, 그 질문에 대답을 주는 신적 능력을 체험했기 때문이지요. 사람은 자신을 제대로 이해하는 데 있어 해부학, 생리학, 심리학을 넘어서는 그 이상의 것이 필요하다는 것을 알고 있습니다. 과학의 범위 너머에 있는 것과 연결되어야 우리 존재가 근본적으로 이해되기 때문이지요.

1929년 「뉴욕 타임스」(*The New York Times*)에 대서특필된 발굴 보도를 통해 알려졌듯 지금으로부터 4천 년 전, 바빌

로니아의 우르는 굉장히 문명화된 곳이었습니다. 아브람이 우르를 떠나 하란으로 갔을 때, 거기에서 봉양하던 아버지 데라가 세상을 떠났습니다. 그때 하나님이 아브람을 찾아와 말씀하셨습니다. "너는 너의 고향과 친척과 아버지의 집을 떠나 내가 네게 보여 줄 땅으로 가라. 내가 너로 큰 민족을 이루고 네게 복을 주어 네 이름을 창대하게 하리니 너는 복이 될지라"(창 12:1-2). 그것은 아브람의 인생에 '번쩍하는 문장'(Luminous sentence)이었습니다. 가라! 그 말씀 하나가 일생의 처음과 나중을 이어 주는 문장이었습니다. 이 첫 계시 문장은 아브람 평생에 삶의 해석학적 열쇠로 간직됩니다. 이처럼 계시란 다른 모든 사건을 이해할 수 있도록 도와주는 결정적인 사건이기도 합니다.

우리에게도 그런 '번쩍하는 문장'이 있어야 맞지 않나요? 우리는 모두 아브라함과 다윗의 자손 예수 그리스도의 세계에 속한 믿음의 후손들인데 말입니다. 그래서 저는 하나님이 우리 각자에게도 그런 문장이 담긴 쪽지를 건네주신다고 믿습니다. 그것이 인생의 계시라고 하는 것입니다. 물론 그 번쩍하는 계시가 모든 것을 한꺼번에 드러내는 마술 같은 것은 아닙니다. 오히려 계시는 농사일과 같습니다. 처음에는 조그만 씨앗처럼 주시지만, 나중에는 큰 나무로 자라 수많은 열매가 열리지요. 새들이 와서 깃들고 안식과 생명을 누립니다. 이처럼 하나님의 계시는 이전 영광보다 나중 영광이 더 큽니다. 처음에는 은혜로 시작하고 나중에는 은혜 위에 은혜가 됩니다.

그래서 하나님의 계시는 마치 가나의 혼인 잔치에 나온 포도주와 같다고들 합니다. 하나님은 시간이 가면 갈수록 더 좋은 것을 주시는 분 같습니다. 준비한 포도주가 떨어지자 주님은 물로 포도주를 만들어 주셨습니다. 그 포도주를 가져가서 잔치를 맡은 이에게 주었더니, 그는 이렇게 말합니다. "사람마다 먼저 좋은 포도주를 내고 취한 후에 낮은 것을 내거늘 그대는 지금까지 좋은 포도주를 두었도다"(요 2:10). 반대로 사람은 처음에 제일 먼저 좋은 것을 꺼냅니다. 처음 만날 때는 옷도 제일 좋은 것으로 입고 나가지요. 상대방의 마음을 사는 행동을 하기 마련입니다. 데이트할 때도 처음에는 잘 참습니다. 그런데 점점 시간이 지나면 그의 실력이 다 나오게 되어 있지요. 그러나 하나님의 계시는 전혀 다른 것 같습니다. 그분의 계시는 이전 영광보다 나중 영광이 더 크다고 하지 않습니까. 그래서 계시를 받은 사람은 세월이 흐르면 흐를수록 소망이 더욱 견고해지고 더 값진 인생을 사는 것 같습니다.

때로 하나님의 계시인 '번쩍하는 문장'은 인생의 역경과 생각지도 못한 어려움을 통해 받는 경우가 있습니다. 20세기 영국 교회를 이끈 설교자로 평가받는 마틴 로이드 존스(Martyn Lloyd-Jones) 목사는 어릴 적에 살았던 집이 화재로 전소되고 말았습니다. 가까스로 구출된 어린 소년에게 찾아온 그 화재는, 그야말로 번쩍하는 불길(Luminous Fire)이었습니다. 그가 열 살 때 일이었지요. 그의 아버지는 경제적 재기를 위해 몸부림쳤고, 로이드 존스는 아버지가 운영하는 가게에서 우유 배달을 하며 청소년 시절을 보내야 했습니다. 그렇게 고생하며 공부한 끝에 의과대학에 들어갑니다. 그런데 그는 졸업 직후 취득한 세인트 바르톨로뮤 대학 병원 종신 교수직을 포기하고 복음 전도자의 길에 들어서게 됩니다. 당시 마음에 세운 평생의 신조가 있었는데, 이 세상에 지나친 소망이나 과도한 기대를 품지 않겠다는 것이었지요. 그는 천국 소망을 더 중요하게 여겼습니다. 평전 작가 이안 머레이(Iain Murray)는 어린 시절 집이 화재로 다 타 버리는 가운데 극적으로 구출된 경험이 로이드 존스가 남다른 신조를 지니게 된 연유라고 분석했습니다.

이 '영향력' 중 가장 초기에 속하는 것은 어렸을 때 겪은 사건들과 관계있다. 그 사건들로 인해 이 세상 삶이 매우 불확실하고 가변적인 것이라는 생각이 아로새겨졌다. 열 살 때 한밤중에 불타서 무너지는 것을 목격했던, 그 집 이후 새로 지은 집에서는 안정감도 못 느꼈고, 이 세상 자체가 '지속성 있는 도성'을 제공해주지 못한다는 것을 인식하게 되었다.…'우리의 존재 목적을 실현하는 한 신이 계시지. 우리가 그 목적에 제아무리 도끼질을 한다 해도'라는 셰익스피어의 저 유명한 금언의 의미를 그도 알고 있었고, 그래서 자신이 그날 밤 화재에서 구출된 것이 좀더 차원 높은 어떤 목적의 한 부분이라는 것을 결코 의심할 수 없었다. 그가 부르던 웨일스 찬송가 가사 중에 다음과 같은 내용이 있다. 세상엔 소리 없는 섭리가 있는 게 분명하다네.[8]

우리도 지난날을 돌아보면 나를 향한 하나님의 노크 같은 것이 극적인 위기의 순간에 번쩍하고 찾아오는 경우가 있지 않았을까요? 저에게도 그런 순간이 있었습니다. 지금으로부터 15년 전, 주일 예배 시간이면 저도 모르게 눈시울이 뜨거워지던 때가 있었습니다. 그 이유는 당시 뉴욕 엠파이어스테이트 빌딩 지하 2층에 모여 함께 예배드리던 청년들 때문이었습니다. 이곳저곳 찢어진 텐트같이 너덜거리는 마음을 부여잡고 지친 몸으로 자리에 앉아 있는 유학생들과 함께 있으면 저도 모르게 마음이 울컥하곤 했습니다. 미국에서 유학 생활을 한다는 것, 그리고 맨해튼처럼 살벌한 곳에서 직장을 다닌다는 건 말처럼 쉬운 일은 아닙니다. 남들은 부러워할지 모르지만, 그들은 수많은 좌절, 불안, 공허에 시달리는 가련한 청춘들에 지나지 않았습니다.

그 몇 해 전, 목사 안수를 받은 직후 보스턴에 교회를 개척하고 몇몇 일로 지친 마음을 잠시나마 달래려고 뉴욕에 갔었습니다. 그런데 엠파이어스테이트 빌딩 정문 앞 도로를 지날 때 저와 아내, 네 살 아들, 온 가족이 전속력으로 달려오는 버스에 한꺼번에 치일 뻔했습니다. 누가 뭐랄 것도 없이, 무의식적으로 셋이 손을 잡고 온 힘을 다해 가까스로 버스를 피한 뒤 넋을 잃은 와중에, 아내가 갑자기 이런 말을 했습니다. "예찬 아빠, 우리 바로 이곳에 교회를 세울 것 같아…" 그때는 아내가 완전히 얼이 빠진 상태라서 하는 말인 줄 알았습니다. "여보, 우리 교회는 보스턴에 있어. 정신 차리고 어서 올라가야지."

이 일을 까맣게 잊고 지내다가 나중에 맨해튼 바로 그 빌딩 안에 교회가 세워지고 한창 왕성하게 청년들을 목양하던 어느 날, 문득 그때 일이 떠올랐습니다. 그리고 사도행전 말씀처럼 이 일이 예비되어 있었던 것인가 싶었습니다. "밤에 주께서 환상 가운데 바울에게 말씀하시되 두려워하지 말며 침묵하지 말고 말하라. 내가 너와 함께 있으매 어떤 사람도 너를 대적하여 해롭게 할 자가 없을 것이니 이는 이 성 중에 내 백성이 많음이라 하시더라. 일 년 육 개월을 머물며 그들 가운데서 하나님의 말씀을 가르치니라"(행 18:9-11).

저는 그날 혹시 하나님이 준비하신 계시가, '번쩍하는 순간'(luminous moment)이 저희 식구가 털썩 주저앉은 빌딩 앞에 임하셨던 건 아닐지 조심스레 회상해 봅니다. '어둠에서 빛으로 이끄시는 주님께서 그날 그 거리에서 나에게 찾아오신 건 아니었을까?' 하고 말입니다. 그러고 보면 사도 바울의 고백은 한 치의 오차도 없습니다. "그러나 내가 나된 것은 하나님의 은혜로 된 것이니 내게 주신 그의 은혜가 헛되지 아니하여 내가 모든 사도보다 더 많이 수고하였으나 내가 한 것이 아니요 오직 나와 함께 하신 하나님의 은혜로라"(고전 15:10).

감춰 두신 날들이 지나가면

이렇듯 제가 만나고 체험한 하나님 역시, 그분의 자녀를 위해 예비하신 모든 것을 처음엔 눈으로 보지 못하고, 귀로 듣지 못하며, 마음으로 생각하지도 못하게 하시는 분이셨습니다. "눈이 보지 못하고 귀가 듣지 못한 것들, 또 사람의 마음에 떠오른 적 없는 것들, 그것들을 하나님이 자기를 사랑하는 사람들을 위해서 마련해 두셨다"(고전 2:9, 새한글성경). 그러다가 결국 정하신 때가 되면 알게 하시고, 이루게 하시며, 사명을 완수하게 하시는 분이었습니다. 상위 관점인 계시는 이미 내가 알고 있는 하위 관점을 확증해 주는 것과는 거리가 먼 듯합니다.

근본적으로 계시는, 하나님과 나에 대한 새로운 지식으로, 우리를 놀라게 하고 동요시킵니다. 계시는 내 중심까지 뒤흔드는 사건입니다.[9] 때로는 이제까지 살아온 방식을 뒤집는 것이기에 위협적이고 두려운 사건이지요. 그래서 환영하기보다 거부하고 싶은 것이기도 합니다. 계시는 그동안 놓지 못한 육체의 죽음을 요구하기 때문입니다. 그러나 성경은 하나님의 계시와 그 계시를 받은 자의 반응에 관한 이야기로 가득 차 있습니다. 깜짝 놀랄 만한 선물인 계시는 삶 속으로 뚫고 들어와 더는 예전의 삶을 그대로 유지할 수 없게 만듭니다.

모세를 생각해 봐도 그러합니다. 출애굽기 3장에서 그

는 불타는 떨기나무 속에서 하나님의 음성을 들은 후에 이스라엘 백성을 바로의 이집트에서 구해 내라는 명령을 받습니다. 그때부터 모세는 이전처럼 광야에서 장인의 양이나 치면서 살 수 없게 됩니다. 계시를 받았기 때문입니다. 계시를 받은 모세는 예전의 삶을 더는 지속하지 못합니다. 우리의 삶을 뒤집기 위해 주어지는 계시 그 자체의 속성 때문입니다. 사도 바울도 다마스쿠스로 가는 길 위에서 예수 그리스도의 현현을 체험하고 교회를 박해하던 유대인의 삶에서 이방인에게 복음을 전하는 사도의 삶으로 뒤바뀌게 됩니다. 사도 베드로는 환상을 통해 하나님이 유대인과 이방인을 모두 교회 공동체로 초대하신다는 계시를 받습니다. 그리고 백부장 고넬료의 집으로 발걸음을 내딛게 됩니다. 위대한 로마 교회의 전주곡도 이처럼 정오의 꿈을 통해 주신 계시로 쓰인 것입니다.

 계시는 이렇게 인격적인 사건입니다. 그래서 예수는 결코 머리로만 믿지 못하는 법입니다. 그분은 가슴으로 만나야 하는 분입니다. 계시는 제자가 스승과 숙식을 같이하며 스승의 모든 것을 그대로 느끼고 감화되는 도제(apprentice)와 같은 과정이지요. 계시는 무릎으로 받는 것이지, 뇌를 활성화하여 얻을 수 있는 게 아닙니다. 그래서 인공 지능(AI)

은 다른 건 몰라도 계시는 받을 수 없을 것입니다. 모자라 보이고 문제 있어 보여도 오직 사람만이 받을 수 있는 것이 계시입니다.

계시의 본질은 무엇보다 최고의 계시 사건을 보면 알 수 있습니다. 바로 예수님의 성육신입니다. 성육신은 계시를 위한 자기 낮춤입니다. 그분은 우리를 위해 오셔서 말구유에 뉘어졌습니다. 그러니 우리 역시 계시 체험을 위해 다른 곳이 아닌 구유로 가야 합니다. 왕궁의 시간에 계시를 받기는 참 어려운 것 같습니다. 계시는 구유의 시간에 받을 수 있게 설정되어 있는 건 아닐까 싶은 생각까지 듭니다.

생각해 보면 건강할 때 계시를 받는 경우는 참 드문 것 같습니다. 하지만 병들었을 때 계시는 마치 광케이블로 연결된 것인 양 다가옵니다. 인생 최고의 계시는 우리가 가장 낮은 곳에 있을 때 받곤 합니다. 계시는 낮은 곳에 오신 하나님을, 나도 낮은 곳에서 조우(encounter)하는 것입니다. 그리고 그 만남의 사건은 희미해져 가던 내 소명을 반드시 새롭게 해 줍니다.

루터는 하나님이 계시되는 분이면서 동시에 숨어 계신 분이라고 했습니다.[10] 하나님은 계시와 은폐를 동시에 수행하시는 분이라는 뜻인데, 이는 하나님과 사람의 격차에 기

인합니다. 그래서 불타는 떨기나무 앞에서 모세에게 자신을 계시하실 때도 여전히 하나님은 숨어 있는 분이셨습니다. 하나님은 모세가 온전히 하나님만 바라보고 최적으로 일할 수 있도록 한 걸음씩만 알려 주셨습니다. 결코 모든 그림을 미리 알려 주지 않으셨습니다.

만약 처음부터 모든 걸 다 이야기해 주셨다면 모세가 훨씬 더 편하게 일했을까요? 그렇지 않았을 것입니다. 만약 죄다 말씀하셨다면 모세는 아예 시작할 엄두도 내지 못했을 것입니다. 하나님이 열 번의 재앙을 다 내리신 후에 바로가 무너질 거라는 이야기를 알려 주셨다면, 모세가 힘들지 않았을 것 아닌가 묻는 분들께 그렇다면 저는 이렇게 되묻고 싶습니다. 하나님이 만약 몇 달이면 될 일을 40년이 걸릴 것이라는 이야기, 결국 모세가 약속의 땅에 들어가지 못할 것이라는 이야기, 모세와 함께 출발한 세대 거의 모두가 광야에서 낙오할 것이라는 이야기를 미리 다 알려 주셨다면, 모세가 그 일을 잘 수행할 수 있을까요?

하나님은 모든 것을 미리 다 공개하시는 분이 아닙니다. 그런 것은 계시가 아닙니다. 계시는 어떤 상황에서도 '나는 모세 너를 끝까지 인도할 것이다'라는 그분의 진심을 알려 주시는 것만으로도 충분합니다. 그 이상의 미래를 세세히 알게 되었다면 모세는 더 이상 하나님께 엎드리지 않았을지 모릅니다. 모세도 우리와 성정이 다르지 않습니다. 그래서 하나님은 모세에게 그분의 계획을 다 보여 주지 않으십니다. 당장 겪어야 하는 고난의 의미도 그 순간에는 설명해 주지 않으십니다. 하나님은 악한 것 속에 숨어 있는 선한 것을 미리 다 말씀하지 않으십니다. 좋지 않은 경험을 통해 얻게 될 감미로운 열매를 미리 설명하지도 않으십니다.

북아프리카 구레네에 살던 시몬의 꿈은 예루살렘을 순례하는 일이었습니다. 자기의 꿈이 이루어져 예루살렘에 당도한 그에게 하나님은 예수의 십자가를 잠시 그의 등에 맡기시는 사명을 주셨습니다. "나가다가 시몬이란 구레네 사람을 만나매 그에게 예수의 십자가를 억지로 지워 가게 하였더라"(마 27:32). 주님이 정말 힘드실 때 그의 짐을 잠시 맡아드리는 것. 그래서 주님이 그 길을 끝까지 가시도록 조력하는 것. 이것이 시몬이 예루살렘에 오기까지는 숨겨져서 전혀 알 수 없었던, 그러나 예루살렘에서 드러나 알게 된 사명이었습니다.

그는 처음에 그 십자가를 기꺼이 지지 못했습니다. 그 일이 어떤 일인지 몰랐으니까요. 하지만 그날부터 그의 영혼에 일어난 파문은 사라지지 않습니다. 세월은 흘러 알렉산

더와 루포, 두 아들의 아버지가 된 장년의 시몬은 골고다의 그 십자가를 마지못해 졌던 그날을 두고두고 추억했을 것입니다. 우리도 때로 살아가며 주님께서 십자가를 맡기실 때가 있을 것입니다. 받아들이거나 거절하거나 두 가지일 것입니다. 아니면 받아들이면서도 억지로 아니면 기꺼이, 그렇게 두 가지겠지요. 하지만 분명한 건 인생 순렛길을 뒤흔드는 그 십자가가 내게 다가올 때 그 형언할 수 없는 울림 앞에 나는 마구 떨려 올 것이라는 사실입니다.

5

시간과 영원 ──✕── 사이에서

세상은 지금 코로나19와 함께 속절없이 지나가고 있습니다. 참으로 야속한 시간입니다. 만약 시간을 내 것으로 생각한다면 꼼짝 못하고 보내야 하는 이 시기가 너무나 아깝기만 합니다. '내 인생길이 너무 막히는 건 아닐까?', '이렇게 돌아가도 괜찮은 걸까?'라는 자괴감이 들 수 있습니다. 또한 시간을 내 것으로 생각하면, 내가 좋아하는 사람과만 만나고 싶고, 내가 하고 싶은 일에만 시간을 쓰고 싶을 것입니다. 직진하는 인생만이 좋아 보이고, 빙 둘러 우회하는 일이라도 생기면 이만저만 낭비가 아니라고 여기겠지요. 어째서 그럴까요? 아까운 '내 시간'을 허비하는 것 같기 때문입니다. 그런데 시간은 정말 내 것일까요? C. S. 루이스의 『스크루테이프의 편지』(홍성사)를 보면, 삼촌 악마가 조카 악마에게 인간을 비웃으며 하는 말이 나옵니다.

> 사람들은 단순히 불행이 닥쳤다고 분노하는 게 아니라, 그 불행이 권리의 침해로 느껴질 때 분노한단다. 제 마음대로 쓸 수 있으리라고 기대했던 시간을 느닷없이 빼앗겨 버리는 것만큼 화내기 쉬운 상황은 없지. 한적한 저녁 시간을 보내길 고대했는데 뜻하지 않은 손님이 불쑥 찾아오거나 하면 인간은 화를 쉽게 내지. 왜? 자기 시간은 그야말로 자기 것인데

억울하게 도둑맞았다고 생각하기 때문이야. 그러니 너는 열심을 다해, 인간이 마치 자신이 하루 24시간의 합법적인 소유자로 생각하도록 하려무나. 하지만 사실 알고 보면 시간은 그들의 것이 아니지. 순전히 선물로 주어진 것인데, 그들은 그걸 몰라. 세상에. 만약 시간이 인간들 것이라면 해나 달도 저희들 소지품이게. 인간이 시간을, 자기를 만든 이의 뜻에 따라 써야 할 처지라는 걸 깨닫지 못하도록 하는 것이 우리 악마들이 할 일이지.[1]

시간은 내 것이 아닌 것을

그렇습니다. 내 것으로 보이지만 시간은 한 번도 내 것인 적이 없었습니다. 이것은 우리 착각입니다. 시간은 언제나 하나님의 것 아니었을까요? 시간을 만드신 분이 하나님이시기 때문이니 말입니다. 우리는 하나님이 만드시고 허락하신 그 시간을 받아 그분이 맡기신 일에 쓸 뿐입니다. 하늘의 해와 달과 별들이 우리 것이 아니듯, 시간도 우리 것이 아닙니다.

마가복음 7장에서, 하나님은 왜 주님을 두로에서 갈릴리로 직진하게 하지 않으시고 한참을 돌아가게 하셨을까요? 그 아까운 시간을 버리면서 말입니다. 그것은 '에바다'(열려라)의 기적을 위한 시간이 따로 있었기 때문이 아니었나 생각해 봅니다. 그때 주님은 길을 우회하는 것에 대해 어떤 불평도 없으셨습니다. 주님은 늘 하나님의 시간에 그분의 시간을 맞추셨습니다. 하늘 아버지가 시간의 주인임을 잘 아셨기 때문이지요.

사람은 과거를 저축할 수 없고, 현재를 붙잡을 수도 없으며, 미래를 보장할 수도 없습니다. 본래 내가 전유할 수 있는 시간은 한순간도 없지요. 그러니 시간이 우리 것이 아님을 기억해야 합니다. 시간은 오직 하나님의 것입니다. 비록 인생 가운데 멀리 돌아가는 일이 있을지라도 시간이 지나면 그것이 곧은길이었다는 사실을 알게 됩니다. 사람 눈에 직로는 하나님 눈에 미로이고, 사람 눈에 미로처럼 보이는 것이 그분 눈에는 직로인 까닭입니다. 하나님은 다 이유가 있으셔서 우리를 돌아가게 하시는 분입니다. 그분이 정하신 시간에 사명을 만나게 하시려는 섭리가 있기 때문이지요. 그러니 하나님의 시간표를 신뢰하는 자는 에바다의 역사를 맛볼 것입니다. 35년이라는 긴 시간 동안 월간지 「샘터」에서 소설 "가족"을 연재한 작가 최인호 선생은 2012년 갑자기 암 선고를 받고 임종을 앞둔 어느 날 다음과 같은 기도를 드렸습니다.

주님, 이 몸은 목판 속에 놓은 엿가락입니다. 그러하오니, 저를 가위로 자르시든 엿치기를 하시든 엿장수이신 주님 뜻대로 하십시오. 다만 제가 쓰고 있는 글이 가난하고 고통받는 사람의 입속에 들어가 달콤한 일용할 양식이 되게 하소서. 주님께 완전히 저를 맡기겠사오니 제가 그렇게 되도록 은총을 내려 주소서. 우리 주 엿장수의 이름으로 바라나이다. 아멘.[2]

최인호 선생의 엿가락 기도에서 무엇이 느껴지나요? 이 세상 모든 만물이 그러하듯 사람에게 반드시 찾아오는 것은 마지막 시간, 곧 시간의 종말이라는 것입니다. 지금 인류는 팬데믹을 통해 아우슈비츠, 히로시마, 체르노빌에 못지않은 '죽음의 현실성'을 공동으로 재발견하는 중입니다. 이른바 100세 시대라고 하면서 죽음을 그저 남의 일로, 혹은 먼 훗날의 일로만 여긴 대부분 사람에게 죽음이 얼마든지 나와 내 가족의 일이 될 수 있다는 불안과 공포가 엄습합니다. 시인 T. S. 엘리엇(Thomas Stearns Eliot)이 1차 세계대전 후에 지은 시 "텅 빈 사람들"의 마지막 구절이 이렇게도 맞아떨어지는 때가 또 있었을까요. "세상은 이렇게 종말을 맞이한다. 굉음을 내면서가 아니라 흐느끼며"(This is the way the world ends. Not with a bang but a whimper).³

하지만 영원하신 하나님의 말씀인 성경은 설사 이 땅의 시간이 끝난다 해도 우리 존재가 그와 더불어 끝나는 것이 아니라고 말합니다. 히브리서는 이렇게 증언합니다. "한 번 죽는 것은 사람에게 정해진 것이요, 그 후에는 심판이 있으리니"(히 9:27), "지으신 것이 하나도 그 앞에 나타나지 않음이 없고 우리의 결산을 받으실 이의 눈앞에 만물이 벌거벗은 것같이 드러나느니라"(히 4:13).

사람은 죽어서 시간에서 영원으로 곧바로 직행하지 않습니다. 연말정산의 때가 있다는 뜻입니다. 인생의 사계절을 보내고 이 땅을 떠나면, 내게 주어진 모든 시간이 집적된 열매 하나, 내게 허락된 모든 날을 수확한 볏단 하나를 들고 우리 주님 앞에 서게 된다고 성경은 가르칩니다. 그것은 하나의 완성된 시간, 하나의 통합된 시간입니다. 이 땅의 시간과 하나님의 영원 사이에 있는 제3의 시간입니다.

하나님의 심판대 앞에 설 때 우리는 이 땅에서 보낸 자신의 모든 역사를 드러내야 할 것입니다. 하나의 사과 혹은 볏단처럼 우리는 그분 앞에 놓일 것입니다. 지난 인생의 사계절이 어떠했는지 열매 속에 다 농축될 것입니다. 감미로운 단맛이 날 수도 있고 설익은 신맛이 날 수도 있습니다. 그런 의미에서 인간에게 시간은, 시몬 베유의 말처럼, 영원을 비추는 것이 될 수도 있고, 단지 영원의 대용품과 같은 것이 될 수도 있습니다.[4] 이처럼 우리는 이 땅의 시간과 저 하늘의 영원 사이에서, 이전의 땅과 하늘은 달아나고 각자 "자기들이 한 일에 따라 심판을 받는" 시간, 시간의 종말을 기다리는 시간, 즉 최종적 시간을 맞이하게 됩니다(계 20:11-12).

그런데 열매 하나, 볏단 하나를 장만하려고 이 땅에서 보내는 시절은 마치 유수와 같습니다. 내 의지와 무관하게 세월의 강물은 멈추어 주지 않습니다. 기다려 주지도, 역행해 주지도 않지요. 그저 흐르기만 합니다. 이것이 시간입니다. 그 속에서 우리는 처음엔 꿈꾸듯 좋아하고 웃다가, 어느덧 실망하고 아쉬워합니다. 시간의 포도주가 다 떨어져 가는 까닭입니다.

1970년대 여공들을 추억하며 만든 노래를찾는사람들의 명곡 "사계"처럼, 빨간 꽃과 노란 꽃이 꽃밭 가득 핀 봄날에도 사람은 누구나 자신에게 주어진 재봉틀을 돌려야 합니다. 하얀 나비, 파란 나비가 담장 위를 날아도 재봉틀을 돌려야 합니다. 물려받은 가난이라는 재봉틀, 과거의 잘못으로 생긴 재봉틀, 먹고살려고 장만한 재봉틀, 시대의 아픔이 맡겨 놓은 재봉틀, 그 어떤 종류의 재봉틀이든 우리에겐 쉴 틈 없이 돌려야 하는 자신만의 재봉틀이 있습니다. 저 하늘의 별들이 밤새 빛나도 한가로이 쳐다볼 겨를이 없지요. 소슬바람이 불고 낙엽이 쌓여도, 부모가 되어서는 자식이 맡겨 놓은 재봉틀을 다시 돌려야 합니다. 흰 눈이 소복소복 쌓여 한때는 건장했으나 이제는 다 늙고 작아진 남편을 위해, 또 병약해진 아내를 위해 부부가 서로 돌려야 하는 재봉틀도 있습니다. 그렇게 재봉틀은 처음에는 빨리, 나중에는 천천히 돌아가지만 마지막까지 쉼 없이 돌아갑니다.

이렇듯 인생이라는 재봉틀을 돌려야 하는 사람의 일생에, 오직 시간만이 전부라면 그것은 참으로 슬프고 헛된 일일 것입니다. 안식도 없이 말입니다. 만약 우리의 현재가 즉시 사라져 버리는 순간일 뿐이라면, 또 계속해서 움직이는 과거와 미래 사이의 흔들리는 경계선과 같은 곳이라면, 그곳은 우리가 머물 수 있는 자리가 될 수 없습니다. 갈릴리 바다의 파도처럼 출렁거리는 지금, 이 순간 위에 서 있지 못한 채, 시간 아래로 빠져들고 말 것입니다. 또한 우리에게 주어진 것이 시간뿐이라면, 우리 인생은 전도자의 고백처럼 한낱 연기에 지나지 않겠는지요. 우리는 시간을 깨닫지도, 극복하지도 못하고, 시간 속에서 내 모든 것이 낡고 쇠하는 것을 지켜봐야 할 뿐입니다.

그러나 우리가 참으로 존재하시는 하나님을 만나게 된다면, 우리는 우주와 시간만이 전부가 아님을 알게 됩니다. 우리가 사는 세상을 만드신 하나님. 그토록 신비한 시간조차 그분이 빚어내신 피조물입니다. 그렇다면 시간은 본래 독립된 존재가 아닙니다. 혼자 존재할 수 없고 영원에 기대어 존재하는 것입니다.

시간 속에 영원을 그린다는 것

아우구스티누스는 시간이 두 성격을 지닌다고 했습니다.[5] 먼저 '없음'으로 돌아가려는 성향입니다. 시간이 하나님의 섭리에 따라 무에서 창조되었기 때문이지요. 그래서인지 태생적으로 저 아래 무로 돌아가려 한다는 것입니다. 마치 모래시계처럼 텅 빈 상태가 되고 싶어 하는 것처럼 말입니다. 끝없이 변하는 가변성과 허무성이 있기에, 시간은 계절로 설계되었는지도 모릅니다. 그 안에서 사람들도 모두 변해 갑니다. 모두 시간을 벗어날 수 없기 때문이지요. 시간은 우리로 모래성을 쌓게도 하지만 결국 허물게 합니다.

그럼에도 시간이 허무하기만 한 것은 아닙니다. 우리가

잊지 말아야 할 것은 시간을 만드신 분이 하나님이라는 사실입니다. 하나님이 그분의 영원하신 손길로 빚어낸 것이 바로 시간입니다. 그래서 시간은 자신을 빚어낸 그 손길을 잘 알고, 언제나 영원을 그리워하지요. 시간은 저 높은 영원을 바라보며 하나님의 영원성을 찾아가려는 지향성을 지닙니다.

이 세상 모든 피조물도 시간처럼 이 두 성향을 지니고 있습니다. 사람이나 세상, 만물도 시간처럼 허무에 시달리면서도 영원을 사모합니다. 아무것도 없음(nothing)에서 비롯되었지만, 그것을 있게 하신 분이 전능하신 창조주 하나님이시기 때문이지요. 만약 우리 일생이 단지 시간뿐이라면, 우리가 사는 우주도 단지 물질로 되어 있을 뿐이라면, 우리 삶은 불교에서 말하는 '색즉시공'에 불과할 것입니다. 모든 물질적 존재의 불변하는 고유성이 없어질 테니까요. 죽음은 마치 영화가 끝나고 화면이 캄캄해지는 것과 같게 됩니다. 하지만 아무것도 없는 것에서 모든 만물과 모든 시간을 만들어 낸 영원하신 하나님을 바라보면 깨닫는 것이 있습니다. 그것은 우리 일생은 끝나면 사라지는 연기가 아니라, 그 모든 시간을 재료로 삼은 하나의 작품이 되어 천국 영화제에 출품될 거라는 소망입니다. 앙코르를 외치는 천사들의 박수를 받으며 올라가는 그 나라의 커튼콜이 따로 있다는 것이지요.

그렇다면 이 세상에서 우리는 시간만 체험하고, 저 하늘에 올라간 후에야 비로소 영원을 경험하게 되는 것일까요? 고대 그리스 스토아 철학이나 불교, 힌두교는 시간이 곧 영원이요, 영원이 곧 시간이라는 범신론으로 사람들을 꾀었습니다. 하나님이 없다는 무신론이나 유물론, 현세의 즐거움만 강조한 에피쿠로스 철학은 시간만 있지, 영원은 없다고 단정했습니다. 계몽주의나 포스트모더니즘은 시간과 영원이 서로 뚝 떨어져 있어 영원히 만날 수 없다고 주장했습니다. 그러나 하나님의 말씀인 성경은 사람의 영역과 하나님의 영역, 즉 시간과 영원이 놀랍게도 서로 맞물려 있다고 선언합니다.

시간과 영원은 서로 다르지만, 아우구스티누스가 말하는 하나님의 도성과 인간의 도성처럼 맞물려 있기에 하나님은 시간 속에서 영원을 경험할 수 있는 자리를 마련해 놓으셨습니다. 그래서 시간 속을 살아가는 사람에게는 영원에 가장 가까운 것들이 따로 있습니다. 첫째는 '약속'입니다. 에베소 교회에 보낸 바울의 편지를 보면 "세월을 아끼라"(엡 5:16)는 권고가 나오는데, 여기서 '아끼다'의 헬라어 동사 '엑사고라조'(*exagorazo*)는 시간을 '아껴 선용하라'는 경제적인 어감보다는 '건져 올려라'라는 뜻에 가깝습니다. 강물처럼 흘러 지나가는 시간을 건져 올려 구원하라는 것이지요. 그렇다면 무엇으로 시간의 강물을 건져 올릴 수 있을지요? 속절없는 세월을 사는 우리에게, 깨어지는 만남 속에서 아파하는 우리에게, 그리고 다가오는 죽음을 기다릴 수밖에 없는 우리에게 주님이 알려 주신 단 하나의 방법이 있습니다. "진실로 진실로 너희에게 이르노니 사람이 내 말을 지키면 영원히 죽음을 보지 아니하리라"(요 8:51).

제게도 그런 약속이 하나 있었습니다. 1982년 12월 눈이 내리던 어느 추운 겨울 오후, 고향 제주에서 다니던 피아노 학원 선생님과 약속을 했었습니다. 서울에서 영문학을 전공하다가 방학을 맞아 잠깐 집에 내려오신 선생님은 당시 초등학교 6학년인 제게 오 헨리(O. Henry)의 소설 『20년 후』(신원문화사)를 읽어 봤는지 물어보셨습니다. 다행히 얼마 전에 읽은 책이라 자신 있게 "읽었다"고 대답했습니다. 저에게 선생님은 책에 나오는 것처럼 우리도 20년 후에 그 자리에서 다시 만나자고 제안하셨습니다. 열두 살짜리 아이에게 20년이라는 시간은 조그마한 머리로 이해되거나 가슴으로 느껴지는 그런 시간이 아니라 상상을 넘어서는 참으로 긴 시간이었습니다. 그럼에도 저는 선생님과 굳게 약속했습니다. 20년 후 12월에 만나자고 말입니다.

20년이 흐르고 미국으로 유학을 떠나기 얼마 전 그날이 다가왔고 몹시도 뛰는 가슴으로 비행기를 타고 고향으로 갔습니다. 오후 네 시 피아노 학원이 있던 곳으로 가 보니 학원은 간데없고 놀이터만 남아 있었습니다. 시계를 보고 또 보면서 기다렸지만 아무리 기다려도 선생님은 나타나지 않았습니다. 공항으로 돌아오는 길에 혹시나 하고 수소문한 끝에 연락이 닿았습니다. 제가 찾아왔다는 전갈을 받은 선생님은 늦은 시간 공항으로 달려오셨습니다. 중년에 접어들었지만, 옛 모습이 남아 계신 선생님이 지난 세월 큰 수술을 세 차례나 하시면서 심각한 후유증으로 예전 기억을 많이 잊어버리셨다는 것을 알게 되었습니다. 그래서 20년 후에 만나자던 그 약속은 어렴풋이 기억하고 계셨지만 그만 날짜를 잊어버리셨다고 하시며 무척이나 미안해하셨습니다.

저는 선생님과 20년 후 만남을 약속했습니다. 그리고 그분과의 약속을 20년 동안 지켰습니다. 다시 만나자는 말씀을 간직했기에 선생님과 저의 관계는 깨지지 않았습니다. 긴 시간이 흘렀지만, 제게 있어 그 시간은 약속의 말씀이라는 두레박에 길어 올렸기에 처음 그 자리에 그대로 남아 마치 영원처럼 지키고 서 있었습니다.

나의 존재도 이 땅의 시간 속에 그냥 흘러가지 않고, 흩어져 죽음을 보지 않으려면, 주님의 말씀을 고이 간직해야 하는 게 아닐까요. 흩어지는 시간, 지나가 버리는 세월, 다가오는 죽음을 우리가 넘어설 수 있는 것은 오직 하나님과의 약속이 있기 때문입니다. 약속이 없는 믿음이란 존재하지 않습니다. 칼뱅은 하나님의 값없는 약속이 믿음의 토대이며, 믿음이 제대로 머무르는 것도, 다름 아닌 약속의 자리라고 말합니다. 믿음은 약속에서 시작하며 약속을 굳게 붙잡고 약속 안에서 마친다는 것이지요.[6] 사도 바울의 고백처럼, 믿음은 "분명하지 못한 것에 빛을 비추는 것이요, 나타날 수 없는 것에 대한 시야요, 희미한 것에 대한 분명한 초점이요, 부재한 것에 대한 현존"일 수 있는 이유는 감미로운 약속이 그 전에 선행했기 때문입니다.[7]

"내 말을 지켜라!"(Keep my Words) 내 말을 지키면, 내 말을 붙잡으면, 내 말을 믿고 간직하면 죽음을 보지 않을 것이다. 시간을 뛰어넘을 것이다. 주님이 부탁하신 말씀을 소중하게 간직하는 것을 통해서만 시간을 차곡차곡 건져올릴 수 있지 않을까요. 소중한 만남이 사라지고 아름다운 관계가 깨어지는 것을 넘어설 수 있을 것입니다. 말씀의 두레박을 통해서만 시간을 건져 올릴 수 있으니 말입니다. 먼지처럼 흩어져 버리지 않고, 그래서 끝내 죽음을 보지 않으려면 말씀이라는 두레박으로 시간을 퍼 올려, 우리 영혼의 자리 안에 고이 간직하고 있어야 합니다.

흘러가는 시간과 그에 따라 모든 관계가 끊어지는 죽음을 극복하고 넘어설 수 있는 유일한 길은 처음과 나중이 되시는 주님, '그분의 말씀'을 간직하는 것입니다. 성경은 말씀의 두레박으로 시간의 강물을 건져 내는 것, 그리고 그 흘러가는 물결 속에서 건진 시간의 조각조각들을 하나님의 말씀 속에 소중히 지키고 간직하는 것을 가리켜 '약속', 더 정확히 표현하면 '언약'이라고 일컫습니다.

우리 삶이 꿈같고, 화살 같고, 또 하루 같을지라도, 주께서 내게 주신 빛나는 말씀, 그 영원한 소망을 잊지 않고 일생 간직하면 그 약속의 말씀이 우리를 단 20년이 아니라, 2천 년의 세월을 넘어 그분의 영원함으로 인도할 것입니다. 하나님과 했던 약속을 지키려 봉헌한 삶의 모든 조각이 마치 두루마리 파일처럼 하나님의 마음에 모두 업로드되었다가, 하나님 나라에 다시 고스란히 다운로드될 것입니다.[8] 이것이 시간과 영원의 신비입니다.

이처럼 하늘과 땅, 시간과 영원, 하나님과 사람은 서로 다르지만 맞물려 있습니다. 그래서 하나님은 시간 속에 영원을 체험할 수 있는 또 하나의 자리를 마련해 놓으십니다. 그것은 '은혜'입니다. 은혜는 모든 것이 흘러가 버린다 해도 변하지 않는 어떤 것 하나를 포착하는 순간이 아닐까 싶습니다. 마치 폭포수에 비치는 무지개에 비유할 수 있습니다. 끊임없이 흘러 떨어지는 폭포수는 무상하게 지나가는 시간을 표상합니다. 거기에는 있음이 존재하지 않습니다. 하지만 그 위에 햇빛이 비치면 무지개가 생깁니다. 물은 끊임없이 떨어져 내리지만, 무지개는 지나가는 폭포수 위에 그 자리 그대로 남아 있지요. 오히려 흐르는 물로 인해 무지개는 더 찬란하기만 합니다. 무지개를 보며 낙심할 사람이 누가 있을까요. 오히려 무지개는 나를 영원히 잊지 않으시는 주님, 그래서 다시 오실 주님에 대한 소망을 주는 영원한 약속입니다. 이 무지개 현상은 사람이 하나님의 은혜를 힘입어, 흘러가는 시간 속에서도 항상 현존하는 영원을 체험하는 극적인 순간을 보여 줍니다.

희망에서 소망으로

자크 엘륄은 '희망'(espoir)을 '소망'(espérance)과 구분합니다.

그는 "희망이란 가능한 것의 카드놀이와 같다"고 보았습니다.[9] 근거가 있을 때 사람은 희망을 품는다는 말이지요. 희망은 좋은 것이긴 하나, 풀처럼 마르기 쉽기에 희망 고문으로 끝나기 마련입니다. 아직 오지 않는 대상을 기다리는 희망은 때론 비극으로 귀결되기도 합니다. 그런 희망을 그려 낸 작품으로 1, 2차 세계대전을 소재로 했던 영화 〈애수〉가 있습니다. 2차 세계대전이 시작된 1939년 가을, 안개가 자욱한 런던 워털루 다리에 지프 한 대가 섭니다. 오십이 다 된 독신 남자가 조용히 내려 추억에 젖습니다. 1차 세계대전의 소용돌이에서 사랑하는 여인을 만난 곳도, 그녀가 죄책감에 못 이겨 생을 마감한 곳도 이 워털루 다리였습니다. 남자가 전사했다는 소식을 듣고 자포자기한 채 거리의 여자로 전락했다가 기적적으로 살아 돌아온 남자와 조우했지만, 여자는 기다리지 못했다는 회한의 눈물을 흘렸습니다. 세월이 흐르고 이제 다시는 볼 수 없는 그녀를 회상하는 장면은 실현되지 못할 희망의 숙명을 잘 보여 줍니다.

    기다림이 아픔을 동반한다는 필연성을 폴 틸리히는 '갖고 있지 않음'(not having)과 '갖고 있음'(having)을 동시에 지니는 기다림의 속성에서 찾고자 했습니다.[10] 소망만 아니라 희망도 이 두 속성을 나름 갖고 있어 소망과 희망을 언뜻

쌍둥이로 착각할 수 있습니다. 그러나 사람이 희망만 품고 기다리면 결국 '갖고 있지 않음'으로 마감되지 않을지요. 희망의 바구니란 결국에는 담을 수 없는 걸 담으려 한 인간의 염원으로 가득합니다. 반면 소망의 바구니는 잠시는 아니라도 종국에는 받을 수 있는 걸 받게 하시려는 하나님의 약속으로 가득합니다. 성경은 인간 안에 머무르는 희망이 아니라 하나님 안에 자리하는 소망을 품고 기다리면 '갖고 있음'으로 마칠 것이라고 약속합니다. 희망으로 '갖지 못함'을 소망으로 갖게 되고, 희망으로 '알지 못함'을 소망으로 알게 되며, 희망으로 '붙잡지 못함'을 소망으로 붙잡게 되리라는 것이지요.

이처럼 사람 안에 '희망'이 있다면, 하나님 안에는 '소망'이 있습니다. 희망이 열린 문을 분주히 찾아다니는 발걸음과 같은 것이라면, 소망은 굳게 닫힌 문을 힘껏 걷어차는 발길질과 같은 것 아닐지요. 열린 문을 찾지 못한 희망은 흔들리게 마련이지만, 닫힌 문을 부수는 소망은 흔들릴 일이 없습니다. 그래서 절망의 시대에는 희망이 아니라 소망이 절실하지 않을지요.

세상사를 둘러보면 희망은 누구나 가질 수 있지만, 소망은 아무나 품기가 어렵습니다. '끝까지' 기다리지 못한 사람들의 이야기를 들어 보아도 그들도 처음엔 기다렸다고 말합니다. 그러나 그들이 기다렸는지는 몰라도 기다리고 또 기다리지는 않았습니다. 그래서 기다림을 그만두고 만 것입니다. 성경은 그런 기다림을 기다림이라 하지 않습니다. 성경이 말하는 기다림이란 기다리고 또 기다리는 소망을 가리키지요. 하나님은 잠시 기다렸던 희망의 사람이 아니라, 끝까지 기다린 소망의 사람을 기가 막힐 웅덩이와 수렁에서 건지시고 거대한 바위 위에 단단히 서게 하시는 분입니다. 조지 맥도널드는 왜 희망이 아니라 소망인지, 왜 기다리고 또 기다려야 하는지, 그 신비를 잠깐 엿보고는 다음과 같이 적어 놓았습니다.

우리가 기도로 구하는 선물이 좋은 것일수록, 그 선물이 도착하기까지 더 많은 시간이 필요할 것입니다. 우리가 원하는 영적 선물을 주시기 위해, 하나님은 우리 영혼의 저 깊숙한 곳, 미지의 영역을 출발점으로 삼아 우리로선 달리 인식할 수 없는 많은 일을 하셔야 하고, 우리는 그 일의 결과만을 접할 수 있을지도 모릅니다. 우리 존재에서 의식이 차지하는 비중은, 화산의 불길이 터져 나오는 틈과 그 안의 불길을 비교하는 것과 같습니다. 하나님은 우리 존재의 미지의 틈 속에서,

의식의 배후에서 일하십니다. 하나님은 우리의 의식 뒤편에서 다가오고 계시며 우리 안의 어둠의 영역들을 통과하여 우리의 빛 속으로 등장하시는지도 모릅니다. 하나님이 우리의 간구에 응답하심을 우리가 인식하기 오래전에, 그분은 이미 그 간구에 응답하셨고 그분의 자녀를 찾아가고 계십니다.[11]

고개를 절로 *끄*덕이게 하는 설명입니다. 세월이 흐르면서 세상의 선물을 구하는 희망으로 사는 우리 겉사람은 점차 시들어 가지 않습니까. 하지만 영원하신 그분의 빛이 비치면 하늘의 선물을 기다리는 소망으로 사는 우리 속사람은 마치 무지개처럼 날마다 새로워질 것입니다. 시간 속에서 인간의 희망을 앗아가는 고난을 우리는 잠시 겪습니다. 하지만 그 고난은 장차 비교할 수 없을 정도로 훨씬 더 크고 영원한, 하나님의 소망을 안겨 주는 영광을 가져올 것입니다(롬 8:18). 그러니 보이는 것을 바라보지 않고, 보이지 않는 것을 점차 바라보게 됩니다. 보이는 희망은 잠깐이지만, 보이지 않는 소망은 영원한 것임을 실감하기 때문입니다(고후 4:18).

나머지는 하나님이 하실 것이니

우리가 잘 아는 스페인 바르셀로나의 성가족 대성당을 처음 세운 건축가 안토니 가우디(Antoni Gaudí)는 20세기 레오나르도 다빈치로 불립니다. 그는 성직자가 아니었음에도 수도원에 살면서 아침과 저녁을 오직 성경 묵상과 기도로 보냈습니다. 그는 자신의 모든 지식, 예술, 영감의 첫걸음을 하나님 앞에 엎드리는 것으로 시작한 경건의 사람이었고, 늘 근본에서 시작하여 근본으로 돌아오는 초심의 사람이었습니다. 주의 말씀을 영혼의 고향이자 안식처로 삼은 그는 시간 속에서 고민을 하거나 방황할 일이 없었습니다. 그는 자신이 시작한 대성당을 당대에 완성하려 하지도 않았습니다. 설계와 기초와 토대를 쌓는 일에 43년을 쏟으면서도 많은 부분은 남겨 두었지요. 어째서 그러는지 묻는 이들에게 이렇게 답합니다. "나머지는 하나님께서 또 다른 종들을 통해 지으실 것이고 완성하실 것입니다. 이 교회는 제가 아니라 하나님이 지으시는 것입니다."

오히려 그는 성당 건축 현장 바로 앞에 학교를 세우고 가난한 노동자들의 자녀를 가르치는 일을 더 중요하게 여겼습니다. 도스토옙스키(Dostoevsky)의 『카라마조프 씨네 형제들』(열린책들)에서 냉철한 이성의 소유자 이반이 신심이 깊은 동생 알료샤에게 따져 묻던 아래 장면을 기억하시는지요.

> 내게 솔직히 이야기해다오, 널 부른 것이니 대답해 줘. 내가 궁극적으로 인류를 행복하게 만들고 평화와 안정을 가져다 줄 목적으로 인류의 운명의 건물을 건설한다면, 그러나 그 일을 위해서 단 하나의 미약한 창조물이라도, 아까 조그만 주먹으로 자기 가슴을 치던 불쌍한 계집애라도 괴롭히는 것이 불가피한 일이므로 그 애의 보상받을 수 없는 눈물을 토대로 그 건물을 세우게 된다면, 그런 조건 아래에서 건축가가 되는 것에 동의할 수 있겠니? 자. 어디 솔직히 대답해 봐! 네가 건설한 건물 속에 사는 사람들이 어린 희생자의 보상받을 길 없는 피 위에 세워진 행복을 받아들이는 데 동의하고 결국 받아들여서 영원히 행복해진다면 넌 그런 이념을 용납할 수 있겠니?[12]

하지만 아무리 거대하고 멋진 건축이라도, 그걸 얻는 데 어린아이 눈물이 한 방울이라도 요구된다면 거부하겠다던 결의를 실제 지켜낸 이는, 이반이 아니라 가우디였습니다. 그는 '가난한 아이의 눈물을 대가로 하는 것이라면 그 어떤 성취도 받아들이지 않겠다!'라고 다짐하며, 인간과 사물의 실재성을 제거하는 악에 단호히 맞서 인간과 사물에 더 많은 실재성을 부여하는 것이 선이라는 진리를 몸소 보인 가우디. 절대자를 한없이 경외하는 자의 일생은 이처럼 겸손과 절제만 아니라 단호함까지 있습니다. 시간 속에서 일하지만, 영원을 바라보며 나아가는 자에게만 수여되는 성품이 아닐지요. 우리가 하는 일들은 다를까요? 이 땅의 시간 너머까지 주관하는 영원하신 하나님을 기준으로 삼으면 세상에 감탄을 주는 전문성을 넘어, 역사에 감화를 주는 생명의 통로가 되고도 남지 않겠는지요!

영원이 빙산이라면, 시간은 그 빙산의 일각입니다. 영원이 은혜라면, 시간은 선물이지요. 영원은 시간의 악보와 같고, 시간은 영원의 악기와 같기에 우리는 시간에 지배당하지 않고 시간을 누리며 살 수 있지 않을까요! 주께서 다시 오시는 날, 모든 시간은 궁극적으로 완성되어 영원과 서로 맞물리고도 남아, 영원이 시간에 완전히 현존하며 서로 끌어안을 것입니다. 그리고 우리도 주님 품에 안길 것입니다. 없는 것을 있는 것으로 부르시는 하나님은 시간을 영원으로 부르실 것입니다. 죽은 자를 살리시는 하나님, 시간을 이기시는 하나님은 모래처럼 흩어지던 나의 세월을 모으셔서

'길이도 너비도 높이도' 어느 하나 모자라지 않은 천국의 단단한 성벽 기둥처럼 되게 하실 것입니다(계 21:16).

그렇기에 하나님은 아브라함을 바닷가의 모래에만 비유하지 않고 하늘의 별들과 같다고 하신 건 아닐지요. 한 사람의 일생은 오래전 지구에서 사라져 먼지가 된 것 같아도, 실상 하나님의 영원하신 마음속에 지금도 별처럼 반짝이며 그의 나라를 기다리고 있기 때문입니다. 주님과 약속을 지키면 시간 속에 영원을 맛보다가, 장차 그 나라에서 별처럼 빛날 것입니다. 이 비밀이 담긴 클레르보의 베르나르(Bernard of Clairvaux)의 기도는 오늘만 아니라 그 나라에 들어가는 날에도 울려 퍼질 것입니다.

> 나의 영혼을 그대로 보면 그것은 무로 돌아간다고 하는 것이 가장 진실한 고백입니다. 그러나 하나님이 크게 보시는 사람이 어떻게 전혀 아무것도 아닐 수가 있을지요? 하나님이 사랑하시는 사람이 어떻게 무가 될 수 있을지요? 하나님, 당신은 참으로 없는 것을, 있는 것같이 부르십니다. 그러므로 당신이 없는 것을 부르시므로 그들은 없습니다. 그러나 당신이 그들을 부르셨기에 그들은 있습니다. 그들 자신만으로는 없으나 당신이 함께 계셔 주시기에 그들은 있습니다. 우리는 더

높은 망대에 올라 하나님의 도성을 찾고, 그의 성전을 찾으며, 그의 집을 찾고, 그의 신부를 찾도록 합시다. 나는 잊지 않았습니다. 두려움과 공경하는 마음으로 나는 말합니다. 우리는 있습니다. 그러나 하나님의 마음속에 있습니다. 우리는 있습니다. 그러나 우리 자신이 존귀하기 때문이 아니라 하나님이 존귀하게 여겨 주시기 때문입니다.[13]

나가는 글

주님께서 열두 제자를 부르신 것은 산 위에 초막 셋을 짓고 그들과 평생토록 지내시기 위함이 아니었습니다. 오히려 뜻하신 곳으로 그들을 보내려고 부르신 것이었습니다. '부르심'과 '보내심'은 결코 분리될 수 없습니다. 주님은 제자들을 파송하시면서 허락하신 것이 있고 금하신 것이 있었습니다. 먼저 보내심을 위해 허락하신 것은 '동반자'였습니다. 혼자 떠나지 않게 하시려고 사명의 길에 함께할 친구를 허락하셨지요. 왜냐하면 사람은 혼자서 그 먼 길을 갈 수 없기 때문입니다. 사람은 생각보다 나약한 존재입니다. 사명의 길을 가다가 병들 수 있고 낙심할 수도 있으며 되돌아가고 싶을 수도 있습니다. 그럴 때 사명을 함께 하는 동반자가 있다면 그 길을 끝까지 가 볼 수 있지 않을지요!

주님께서 제자들을 보내시며 허락하신 또 하나는 '권능'

이었습니다. 악한 영을 제어할 수 있는 성령의 능력으로, 사명을 수행하기 위한 결정적인 무기와 같은 것입니다. 소위 '영권'을 주신 것이지요. 하지만 주님께서 제자들을 파송하시면서 금하신 것도 있었습니다. 놀랍게도 여행에 꼭 필요한 필수품인 지팡이, 양식, 배낭, 전대의 돈, 두 벌 옷, 그리고 숙소였습니다. 그나마 허락하신 게 신발 한 켤레뿐. 먼 길을 보내시면서도 여행자 주머니조차 허락하지 않으셨지요.

당시 여행자 주머니에는 적어도 하루 이틀 먹을 빵이나 건포도, 올리브, 치즈와 같은 양식과 모금 주머니가 있었습니다. 종교인이나 철학자들은 모금 주머니를 들고 신전과 종교 활동을 위한 헌금을 거두기 위해 자주 나갔다고 합니다. 아마도 주님은 제자들이 그런 기성 종교인들이나 이런저런 철학을 선전하는 그룹처럼 보이는 것이 몹시도 싫으셨나 봅니다. 아예 주머니 자체를 들고 다니지 말라고 하실 정도였으니 말이죠. 그래도 나중엔 여행자 주머니를 허락하신 걸 보면, 제자들이 모금 주머니나 들고 다니는 닳고 닳은 종교나 철학 나부랭이로 첫인상 딱지가 붙지 않게 하시느라 마음 쓰신 측면도 한편으로 있으셨을 것입니다.

하지만 아무런 보급품 없이 파송하신 가장 중요한 이유는 그런 인간적인 오해가 신경 쓰여서가 아니라, 모든 것을 하나님에게만 의뢰하는 그런 여행이 되길 바라셨기 때문이 아니었을까요. 파송은 무엇인가 받기 위해 떠나는 것이 아니라, 무엇인가 주기 위해 떠나는 여정이기 때문입니다. 그래서 제자들은 배낭도 없이 지팡이와 신발만을 가지고 맨몸으로 보내심을 받습니다. 이것이 '파송'된다는 것의 의미입니다. 만약 하나님이 우리를 그분의 일에 쓰시려고 어디론가 보내길 원하신다면, 아마도 사람들이 미리 챙겨 주는 주머니를 허용하지 않으실 것입니다.

20세기 복음주의 지도자 존 스토트 목사님은 교회 근처 조그마한 숙소에서 양복 한 벌과 구두 한 켤레만 가진 채 홀로 지내셨다고 합니다. 개신교의 교황이라는 별명으로 유명한 그였지만, 단벌 신사로 살면서 가난한 제3세계 학생들과 함께 자신이 늘 즐겨 먹는 햄버거와 감자 수프로 식사하는 것을 무척이나 좋아했습니다. 그는 누구든지 한 번 만나면 평생 이름을 기억하고 다시 만나면 가족 안부를 묻고 기도해 주었다고 합니다. 또한 주님의 말씀 중 적어도 두 구절은 문자 그대로 지켰습니다. 하나는 '하늘을 나는 새를 보라'는 말씀대로 9,000종 가운데 2,500종의 새를 직접 본 것이고, 또 다른 하나는 두 벌 옷을 갖지 말라 하신 말씀을 그대로 따른 것이었습니다. '엉클 존'이라고 불리는 수수한

단벌 신사로 산 것이지요.

주님께서 제자들에게 두 벌 옷을 금하신 이유는 무엇일까요? 단순하게 생각해 봅니다. 한 벌 입고 또 한 벌 들고 다니면서 복음을 전하기는 번거로울 것 같습니다. 복음을 전하려다 옷이 필요한 사람을 만나면 얼른 내주어야 하는데, 복음 전도자가 두 벌 옷을 고집하면 복음이 제대로 전해지기 쉽지 않아 보입니다. 귀신 들린 자가 소리 지르며 온몸을 뒤틀면 그를 붙잡고 귀신도 내쫓아야 하는데, 손에 좋은 명품 한 벌 들고 있으면 그 사역을 하기 어렵겠지요. 설령 "밤에 냉기를 물리치고 몸을 좀더 따뜻하게 하기 위한" 여분의 옷이라 해도 사정이 그리 다르진 않을 듯합니다.[1] 손에 아무것도 든 게 없어야 병자를 만날 때, 즉시 그 손으로 고쳐 주는 제자의 사명을 어김없이 감당할 수 있습니다. 그런데 만약 전대에 돈이 있으면 그 돈이 신경 쓰이고, 손에 옷이 들려 있으면 그 옷이 신경 쓰이고, 배낭을 메고 있으면 그 배낭 지키느라 정작 해야 할 일을 하지 못할까 싶어 다 하나님께 맡기고 길 떠나라 하신 것이지요.

자기의 특권을 사용해서 동족을 도와 보려 했다가, 실패하여 광야로 도망갔던 왕자 모세. 그는 40년을 광야에 숨어 지냈습니다. 그가 광야로 떠날 때 마차를 타고 갔습니까? 아닙니다. 마치 주님이 제자들을 보내실 때처럼, 하나님은 그를 빈털터리로 만들어 광야로 보내셨습니다. 세상 사람 눈에는 모세가 도망자 신세일지 모르겠습니다. 그러나 하나님의 눈에는 그분의 일을 위해 파송된 것이었습니다. 어디로 파송된 것일까요? 광야로 보내심을 받은 것입니다. 얼마나 긴 여정이었을까요? 40년의 긴 여정이었습니다. 그 여정은 언제 끝났을까요? 시내산 불타는 떨기나무 앞에서야 비로소 끝났습니다.

주님의 제자들은 그들이 파송받고 있다는 사실을 알고서 파송받았습니다. 하지만 모세는 그 사실을 알지 못한 채 파송받았습니다. 내가 주님의 일을 위해 보내심을 받았다는 사실을 알면서 파송되는 경우도 있지만, 때로는 전혀 알지 못한 채로 파송되기도 합니다. 아마 후자가 훨씬 더 많을지도 모릅니다. 나중에 한참 지나고 나서야 '아, 내가 이 일을 위해 보내심을 받았구나' 하고 깨닫게 되지요. 그러나 파송받은 사실을 알든지 모르든지 관계없이 참으로 주님의 사명이라면, 보통 지팡이 하나만 들고 그 길을 떠나게 하시기 마련입니다.

아무런 채비도 하지 말고 오직 하나님만 의지하여 그 길을 가라고 하신 말씀을 생각하다 보니, 부끄럽게도 신학생으로 부름받던 시절이 떠오릅니다. 평생 절에 다니셨던 외할머니는 폐결핵이 아직 낫지도 않은 외손자가 전도사가 되겠다고 서울로 올라간다는 말에 그냥 보내지는 못하시겠는지 8만 원짜리 여행 가방을 하나 장만해 주셨습니다. 그 안에 성경책과 찬송가도 넣고, 곧 가을이 될 테니 따뜻한 옷들도 좀 넣으라고 하시면서요. 제 외할머니와는 달리 열두 살에 동네 교회 종소리를 듣고 제 발로 새벽 예배를 찾아간 후로 오늘까지 무려 70년 동안 새벽기도를 해 오신 어머니는 한술 더 떠서 각종 밑반찬을 유리병에 담아 가방 옷가지들 사이사이에 꾹꾹 끼워 넣으셨습니다. 저는 빈손으로 떠나라는 주님 말씀은 고사하고, 터질 듯이 묵직해진 가방을 질질 끌고 서울로 올라와야 했습니다.

1997년 여름, 몸무게가 50킬로그램 아래로 훌쩍 내려간 젓가락 같은 몸을 이끌고 고향 제주를 떠나, 늦은 오후 장로회신학대학교 미스바 광장에 도착했습니다. 아무도 없는 텅 빈 광장에서 저는 정말이지 떨리는 마음으로 조용히 무릎을 꿇었습니다. 그런데 광장 저편에 당시 신학대학원 2학년생이던 배형규 선배가 이제 막 서울에 도착한 고향 후배에게 빙그레 웃으며 다가오는 것이 아닙니까. 형규 형은 달리 오갈 데 없는 저를 장신대로 부른 것입니다. 곧 결혼을 앞둔 형규 형은 신혼집을 얻어 놓은 상태였습니다. 형규 형은 그동안 지내 왔던 엘림 기숙사 방이 앞으로 한 학기 동안은 빌 거라고 말했습니다. 그러면서 저를 몰래 기숙사로 데려가 이미 기숙사비를 완납했으니 저는 그저 쓰기만 하면 된다고 말씀하시는 게 아닙니까. 다만 조건이 하나 있었습니다. 그건 아침 7시가 되기 전에 일단 기숙사 밖으로 나오고, 계속 도서관에 앉아 공부하다가 저녁 8시가 넘으면 기숙사로 돌아오라는 것이었습니다. 출퇴근하시는 수위 직원이 근무하는 시간을 피해야 했기 때문이었습니다.

저는 형규 형의 은밀한(?) 계획에 따라 신학교 기숙사의 불법 체류자가 되고 말았습니다. 형규 형과 같은 방을 쓰시던 세 분의 전도사님들도 시치미를 뚝 떼고 저를 몰래 보호해 주셨지요. 마침 그해 12월, 한국은 IMF 금융 위기를 맞았습니다. 세상이 온통 소란한 가운데서도 폐병 환자였던 저는 기숙사에서 도서관까지 불과 3분 거리를 통학하며 입시를 준비한 덕분에 신학교에 합격하는 복을 누리게 되었습니다.

해가 바뀌고 신학교에 입학한 1998년 3월 초 어느 주말은 한겨울처럼 추웠습니다. 당시 주일학교 교사로 섬기던 교회에서 봉사를 마치고 기숙사로 돌아오기 위해 지하철을 탔는데, 양손 모두 태어날 때부터 완전히 마비되어 꼬부라져 있는 한 형제를 우연히 만났습니다. 그날 밤은 몹시 추웠기 때문에 집도 없는 그 형제를 그냥 두고 올 수 없었습니다. 그래서 이제는 정식으로 들어간 기숙사 방으로 그를 몰래 데려왔습니다. 도둑질도 배운다고 하지 않습니까? 그날 밤 저는 형규 형에게 배운 대로 기숙사 규칙을 한 번 더 어기고 말았습니다. 마침 주일 저녁이라 기숙사는 거의 텅텅 비어 있었습니다.

저는 그 형제를 샤워실로 데려갔습니다. 그리고 비누로 목욕을 시켰습니다. 몇 년 만에 처음으로 목욕을 한다는 말을 들었지만, 차마 표현하기 어려운 역겨운 냄새가 온몸에서 났습니다. 다섯 번도 넘게 비누를 칠하고 때를 밀면서 한 시간 가까이 씻겼습니다. 그리고 제 옷을 입혀 방으로 데려왔습니다. 길게 자라서 돌돌 말려 있는 손톱과 발톱도 다 잘라 주었습니다. 둘 다 배가 고파 침대 아래 있던 라면을 생으로 부수어 먹었습니다. 그에게 예수를 믿느냐고 물어보니 믿는다고 했습니다. 그래서 같이 기도하고 찬송도 불렀습니다. 아침에 일어나 구내식당에서 함께 따뜻한 아침을 먹었습니다. 그리고 추운 겨울이라 제 외투를 하나 입혀 주고, 갖고 있던 돈 몇만 원을 주었습니다. 그때부터 그 형제는 제가 다니던 교회에 나왔습니다.

그해 어느 봄날, 밤 11시경에 갑자기 그 형제를 위해 기도해야겠다는 생각이 들었습니다. 그래서 그를 위해 간절히 기도했습니다. 다음날 교회 집사님에게서 연락이 왔습니다. 어젯밤 자정 즈음에 그 형제의 양손이 갑자기 풀려서 완전히 나았다는 것입니다. 그것은 정말 기적이었습니다. 교회 전체를 떠들썩하게 만든 놀라운 사건이었지요. 하지만 저는 한편으로 걱정이 앞섰습니다. 이제 손이 나았으니 앞으로는 빌어먹을 수 없고 자기 손으로 일하고 살아야 할 텐데 그가 잘 적응할 수 있을지 걱정이 되었던 것입니다. 그러나 그에게 진정 필요한 것은 라면 한 봉지도 아니고, 하룻밤 재워 주는 숙소도 아니고, 목욕을 도와주거나 손발톱을 잘라 주는 것도 아니라는 것을 이내 깨달았습니다. 정말 그에게 필요한 건 두 손이 건강해지는 것이었습니다. 그리고 나머지 일생을 하나님과 동행하며 살아가는 것이었습니다.

(훗날 2007년 아프가니스탄에서 순교하신) 배형규 선배는 자기 소유의 집 한 칸도 없었지만, 고향 후배를 위해 일부러 기숙사비를 한 학기 더 지급하고, 오갈 데 없는 저를 자기 침대에 거하게 해 준 주님의 제자였습니다. 비록 금과 은은 없었지만, 나사렛 예수 그리스도의 이름만 가슴에 품고 신학생이 된 형규 형은 그 주님의 이름으로 성전 미문에 앉아

있던 자와 같던 저를 일으켜 세워 주셨습니다. 형규 형은 가을 학기 내내 저를 붙들고 성경 과목을 일일이 가르쳐 주었고, 논술 시험 예상 문제도 만들어 주었습니다. 돌아보면 형규 형은 대학 시절 내내 자기 돈을 내고 커피를 마신 적이 없었습니다. 가난한 학생으로 과외와 아르바이트를 쉬지 않았지만, 번 돈을 모아 교회 대학부 후배들의 모자란 학비를 대신 내주던 마음씨 착한 선배였습니다. 형규 형의 그런 지고한 예수 사랑, 예수 능력에 비하면 저는 그저 범속하고 이기적인 대학생에 지나지 않았습니다.

전철역에서 그 형제를 만난 그날 밤, 저는 아직 설교도 할 줄 모르던 풋내기 신학생이었습니다. 교회 행정이 무엇인지도 모르고, 교회에 지원서 하나 제대로 쓸 줄 몰랐던 때였습니다. 하지만 아무것도 지닌 것이 없어서 기숙사에서, 그것도 하룻밤만 그 형제를 몰래 지내게 해 주는 것밖에 할 수 없는 저 같은 사람에게도 주님께서 확실히 보여 주신 것이 있습니다. 그것은 비록 금과 은이 없어도 오직 나사렛 예수의 이름으로 나아갈 때, 하나님의 기적과 역사가 어디까지 일어날 수 있는지를 알게 하신 것입니다. 사도행전 9장 성전 미문에 일어난 사건을 마치 어제 일처럼 생생히 보게 하셨던 것입니다.

하나님의 사랑을 전하는 사람이 된다는 것은 무엇일까요? 주님의 제자로 파송된다는 것은 어떤 의미일까요? 사명자로서 준비할 것이 무엇일까요? 하나님이 누군가를 그분의 사랑을 전하는 사명자로 삼으실 때면 우선 그를 아무것도 없게 만드신다는 것을 저는 알게 되었습니다. 더는 예전 같은 건강도 없고, 예전 같은 친구도 없게 하십니다. 더는 예전 같은 명예도, 예전 같은 자신감도, 예전 같은 계획도 없게 하십니다. 그냥 빈손 되어 그 길 가게 하십니다. 세상에서 아주 약한 자가 되게 하십니다. 가장 없는 자, 가장 부족한 자가 되게 하시지요. 손에 지팡이 하나 쥐어 주시고 신발 한 켤레 허락해 주십니다. 저는 제가 연약한 병자 꼴로 아무것도 없이 선지 동산으로 왔던 것도 하나님의 파송이었다고 고백할 수밖에 없습니다. 배형규 전도사님이나 저나 우린 아무것도 가진 것 없이 보내심을 받았던 예수 그리스도의 제자들이었습니다.

"그 열두 문은 열두 진주니 각 문마다 한 개의 진주로 되어 있고"라는 요한계시록 21:21을 묵상하다가 미국 남부 민요가 문득 떠올랐습니다. "오래전 바닷가에 조개들이 살고 있었지요. 하나님은 그중 특별히 사랑하신 조개 속에 모래를 넣어 주셨다고 하지요." 어째서 새 예루살렘성의 문들은 하고많은 보석 중에 진주로만 지었을까? 진주는 아프게 박힌 모래를 끌어안고 오래도록 지낸 시간에서 생성된다는 사실에 그 사연이 있지 않나 싶습니다. 한때는 거친 모래처럼 살던 제자들이, 어느덧 주님의 눈물을 꼭 닮은 눈물로 진주가 되었고, 그들을 통해 이 세상의 가련한 인생들도 끝내 천국 문을 찾게 되었다는 의미로 다가옵니다.

그러고 보면 오늘날 세상에 교회가 이렇게도 많은데 어째서 사람들은 교회를 통해 천국으로 가는 문을 찾지 못할까 하는 의문이 조금은 풀릴 듯도 합니다. 그것은 교회가 눈물의 열두 진주를 잃어버렸기 때문은 아닐지요? '금과 은나 있어도' 진주가 없다면 세상은 교회에서 천국 문을 찾지 못해 한탄할 수밖에요. 그러니 하나님이 그리스도인들로 하여금 이런저런 '사이를 살아가며' 시달리게 하시는 까닭이 혹시 그 누군가를 위한 진주 문으로 삼으시고자 함은 아니었을까 짐작해 봅니다. 돌이켜 보면 하나님께서는 쇠렌 키르케고르(Søren Kierkegaard)를 불안과 확신 사이에서 살도록 하시고, 본회퍼는 평화주의자와 암살자 사이에서 살도록 하셔서, 두 사람 모두를 인류의 양심을 위한 진주 문이 되게 하신 것을 기억합니다. 철이 없던 저를 신학교로 이끄실 때 다시 만나게 하신 형규 형도 제게는 진주 문 같았습니다.

하나님은 형규 형에게 인생의 여러 고난을 주셔서 눈물 흘리게 하시고 진주 문이 되게 하셔서는, 저를 포함하여 헤아릴 수 없는 청년들을 소명의 길로 들어서게 하셨습니다. 물론 제게도 여러 고난으로 눈물 흘리게 하셨지만 부끄럽게도 아직 저는 형규 형처럼 그 누군가를 위한 진주 문이 되지 못한 채 지내고 있습니다.

교회 역사를 보면 핍박과 순교가 있던 시대는 교회마다 팔복이 가득했고 그로 인해 사람들은 교회에서 천국 문을 보지 않았습니까. 눈물의 열두 진주 문이 교회 안에 실존했기 때문이었지요. 마찬가지로 그리스도 안에서 고난을 온전히 인내한 사람만이 누군가를 위한 진주 문이 되는 법 아닐까요. 그래서 하나님은 부르심을 받기 전에 고난을 먼저 주시고 다윗처럼 눈물 병을 장만하게 하셔서는 곤경에 처한 자들에게 보내시는 것 같습니다. "나의 유리함을 주께서 계수하셨사오니 나의 눈물을 주의 병에 담으소서. 이것이 주의 책에 기록되지 아니하였나이까"(시 56:8).

기독교 철학자 니콜라스 월터스토프(Nicholas Wolterstorff)는 외칩니다. "나는 눈물을 통해 세상을 바라볼 것입니다. 아마도 메마른 눈으로는 볼 수 없던 것들을 나는 보게 될 것입니다."[2] 눈물이 있는 자만이 "어지러운 세상 중에

곳곳마다 상한 영의 탄식 소리 들려올 때, 빛을 잃은 많은 사람 길을 잃고 헤맬 때"[3] 천국 위로와 하늘 소망과 부활 생명을 건네줄 수 있습니다. 그래서인지 주님은 우릴 너무나도 사랑하실 때면 아픔의 시간을 허락하십니다. 그리고 나의 눈물로 진주를 고이 빚어 가십니다. 모래알 같던 나의 온 일생이 끝내 누군가를 위한 천국 문으로 열리도록 하시기 위함입니다. 이것이 바로 우리가 잃어버렸던 기독교의 원형입니다. "또 천국은 마치 좋은 진주를 구하는 장사와 같으니 극히 값진 진주 하나를 발견하매 가서 자기의 소유를 다 팔아 그 진주를 사느니라"(마 13:45-46).

주

들어가는 글

1 폴 틸리히, 『경계선 위에서』(동연, 2018), p. 132.
2 이와 관련하여 제임스 던의 *The Acts of the Apostles* (Eerdmans, 2016), pp. 122, 217를 참고하라.

1장 실상과 허상 사이에서

1 김난도, 『아프니까 청춘이다』(쌤앤파커스, 2010), pp. 16-18.
2 김승옥, "내 문학의 편력"(한국문예진흥원 강연, 2001.1.5.) 원본소장처: https://artskoreatv.com/.
3 시몬 베유, 『중력과 은총/철학강의/신을 기다리며』(동서문화사, 2013), p. 61.
4 장 칼뱅, 『기독교강요 1541년 프랑스어 초판』(복있는사람, 2022), p. 119.
5 같은 책, p. 319.
6 아브라함 카이퍼, 『일반은혜 1』(부흥과개혁사, 2017), pp. 41-45, 621-629.
7 같은 책, p. 627.
8 장 칼뱅, 『기독교강요 1541년 프랑스어 초판』, p. 97.

9 헤르만 바빙크, 『개혁교의학(1)』(부흥과개혁사, 2011), p. 446.
10 리처드 마우, 『아브라함 카이퍼』(SFC, 2015), pp. 105-106.
11 조지 맥도널드, 『조지 맥도널드 선집』(홍성사, 2021), p. 127.
12 같은 책, p. 31.
13 존 스토트, 『나는 왜 그리스도인인가』(IVP, 2020), p. 19.
14 같은 책, pp. 18, 21. 프란시스 톰슨, *The Hound of Heaven* (Oates & Washbourne Ltd, 1893), pp. 9-17를 재인용.
15 자크 엘륄, 『기술체계』(대장간, 2013), pp. 233-280, 519-545.
16 자크 엘륄, 『세상 속의 그리스도인』(대장간, 2010), pp. 42-51.
17 스콧 핸드릭스, 『마르틴 루터: 새 시대를 펼친 비전의 개혁자』(IVP, 2017), p. 251.
18 라인홀드 니버, 『도덕적 인간과 비도덕적 사회』(문예출판사, 2017), p. 54.
19 미우라 아야코, 『빙점』(홍신문화사, 2019), pp. 103, 528.
20 팀 켈러, "The Cosmic King"(Sermon Tape on Revelation 1:9-18, May 23, 1993).
21 조지 맥도널드, 『조지 맥도널드 선집』, p. 110.
22 장 칼뱅, 『기독교강요 1541년 프랑스어 초판』, p. 190.
23 알리스터 맥그라스, 『신학이란 무엇인가』(복있는사람, 2020), p. 903.
24 석송, 『찬미예수1500』(코이노니아, 1999), 470장.
25 아빌라의 테레사, "St Teresa's Bookmark prayer"(found in her breviary after her death, 1582).

2장 사자와 꿀 사이에서
1 시몬 베유, 『중력과 은총/철학강의/신을 기다리며』, p. 13.
2 같은 책, p. 15.
3 아빌라의 테레사, "St Teresa's Bookmark prayer."
4 장 칼뱅, 『1559년 라틴어 최종판 직역:기독교강요』(생명의말씀사, 2020), 4.17.2. p. 622.
5 스캇 펙, 『그리고 저 너머에』(율리시즈, 2011), p. 30.

6 알렉산드르 솔제니친, 『수용소군도(1)』(열린책들, 2020), p. 39.
7 래리 크랩, 『하나님을 신뢰한다는 것』(IVP, 2020), p. 205.
8 같은 책, p. 255.
9 루이지노 브루니, 『행복의 역설』(경문사, 2015). pp. 16, 431.
10 래리 크랩, 『행복』(IVP, 2018), pp. 197-209; 『하나님을 신뢰한다는 것』, p. 253.
11 아우구스티누스, 『성어거스틴의 고백록』(대한기독교서회, 1997), pp. 471-476.
12 미로슬라브 볼프, 『인간의 번영』(IVP, 2017), pp. 17, 49, 104-109.
13 이동원, 『너희는 거룩하라』(압바암마, 2016), p. 128.
14 스캇 펙, 『그리고 저 너머에』, p. 72.

3장 선과 악 사이에서

1 아브라함 카이퍼, 『일반은혜 1』, pp. 561-563.
2 폴 스티븐스, 앨빈 옹, 『일삶구원』(IVP, 2011), p. 23.
3 알렉산드르 솔제니친, 『수용소군도(4)』(열린책들, 2020), p. 397.
4 시몬 베유, 『중력과 은총/철학강의/신을 기다리며』, p. 79.
5 스캇 펙, 『아직도 가야 할 길』(율리시즈, 2011), pp. 19-22, 62-64.
6 폴 틸리히, 『흔들리는 터전』(뉴라이프, 2008), p. 108.
7 시몬 베유, 『중력과 은총/철학강의/신을 기다리며』, p. 80.
8 라인홀드 니버, 『도덕적 인간과 비도덕적 사회』, pp. 368-369.
9 장 칼뱅, 『기독교강요 1541년 프랑스어 초판』, p. 128.
10 알렉산드르 솔제니친, 『수용소군도(4)』, p. 257.
11 팀 켈러, "Born to Grow"(Sermon Tape on 1 Peter 1:18-2:3, Feb. 18, 2001).
12 라인홀드 니버, 『도덕적 인간과 비도덕적 사회』, p. 363.
13 김승옥, 『환상수첩』(문학동네, 2004), pp. 96-97.
14 아우구스티누스, 『성어거스틴의 고백록』, pp. 77, 169, 191.
15 마르틴 루터, *Luther's Works, Lectures on Genesis Chapters 1-5*

(Concordia, 1960), pp. 95-96.
16 알렉산드르 솔제니친, 『수용소군도(1)』, p. 268.
17 시몬 베유, 『중력과 은총/철학강의/신을 기다리며』, p. 80.
18 디트리히 본회퍼, 『신도의 공동생활 성서의 기도서』(대한기독교서회, 2010), pp. 37-38, 39-43.
19 아우구스티누스, 『성어거스틴의 고백록』, p. 311.
20 아우구스티누스, *Letters* 186, 3.10. 장 칼뱅, 『기독교강요 1541년 프랑스어 초판』, p. 138에서 재인용.
21 유진 피터슨, 『메시지』(복있는사람, 2016), 빌립보서 1장 6절, p. 2229.
22 조지 맥도널드, 『조지 맥도널드 선집』, p. 56.
23 조성기, 『한경직 평전』(김영사, 2003), p. 351.
24 C. S. 루이스, 『기독교적 숙고』(홍성사, 2017), p. 17.
25 홍인표, 『강아지 똥으로 그린 하나님 나라: 권정생의 작품과 삶』(세움북스, 2021), p. 36.
26 토머스 토런스, *The Meditation of Christ* (Helmers & Howard, 1992), pp. 67-72.

4장 울림과 떨림 사이에서

1 무라카미 하루키, 『직업으로서의 소설가』(현대문학, 2016), pp. 44-46.
2 리처드 니버, *The Meaning of Revelation* (Macmillan, 1959), p. 93.
3 다니엘 밀리오리, 『이해를 추구하는 신앙』(새물결플러스, 2016), p. 71.
4 필립 얀시, 『하나님, 당신께 실망했습니다』(IVP, 2013), pp. 285-286.
5 같은 책, pp. 281-285.
6 같은 책, p. 281.
7 헤르만 바빙크, 『개혁파교의학』(새물결플러스, 2015), p. 140.
8 이안 머레이, 『마틴 로이드 존스』(복있는사람, 2016), pp. 48-52, 100-101.
9 다니엘 밀리오리, 『이해를 추구하는 신앙』(새물결플러스, 2016), p. 60.
10 마르틴 루터, 『루터의 탁상담화』(CH북스, 2019), pp. 99-101.

5장 시간과 영원 사이에서

1. C. S. 루이스, 『스크루테이프의 편지』(홍성사, 2001), pp. 121-125.
2. 최인호, 『최인호의 인생』(여백, 2013), p. 41.
3. T. S. 엘리엇, *The Hollow Men* (1925).
4. 시몬 베유, 『중력과 은총/철학강의/신을 기다리며』, p. 30.
5. 선한용, 『시간과 영원』(대한기독교서회, 1998), pp. 45-49, 55, 62.
6. 장 칼뱅, 『기독교강요 1541년 프랑스어 초판』, p. 300.
7. 같은 책, p. 314.
8. 존 폴킹혼, *The God of Hope and the End of the World* (Yale University Press, 2002), pp. 107-112.
9. 자크 엘륄, 『잊혀진 소망』(대장간, 2009), pp. 276-283.
10. 폴 틸리히, 『흔들리는 터전』, pp. 267-271.
11. 조지 맥도널드, 『조지 맥도널드 선집』, pp. 82-83.
12. 표도르 도스토옙스키, 『카라마조프 씨네 형제들(상)』(열린책들, 2020), pp. 539-540.
13. 장 칼뱅, 『기독교강요(1559)』(생명의말씀사, 1995), 3.2.25, pp. 51-52.

나가는 글

1. 마크 스트라우스, 『강해로 푸는 마가복음』(디모데, 2016), p. 285.
2. 니콜라스 월터스토프, *Lament for a Son* (Wm. B. Eerdmans Publishing, 1987), p. 26, 『나는 사랑하는 사람을 잃었습니다』(좋은씨앗).
3. 새찬송가 515장 "눈을 들어 하늘 보라."

사이에서

초판 발행_ 2022년 4월 7일

지은이_ 송용원
펴낸이_ 정모세

펴낸곳_ 한국기독학생회출판부
등록번호_ 제2001-000198호(1978.6.1)
주소_ 04031 서울시 마포구 동교로 156-10
대표 전화_ (02)337-2257 팩스_ (02)337-2258
영업 전화_ (02)338-2282 팩스_ 080-915-1515
홈페이지_ http://www.ivp.co.kr 이메일_ ivp@ivp.co.kr
ISBN 978-89-328-1922-8

ⓒ 송용원 2022

책값은 뒤표지에 있습니다.
무단 전재와 복제를 금합니다.